改訂版 日本の遺跡48

三内丸山遺跡

岡田康博 著

同成社

「平成の大発見」三内丸山遺跡の大景観

（整備終了後）

（発掘当時）

大型掘立柱建物跡
（上：復元後、下：発掘当時）

大型竪穴建物跡
（上：復元後、下：発掘当時）

道路跡とそれに沿うように
並ぶ列状墓（白線部分）群

良好な状態で出土した袋状編み物製品（重要文化財）

大型板状土偶（全長約32cm、頭部と胴体は90m離れた地点から出土。重要文化財）

三内丸山遺跡から出土した円筒土器（右２つが前期、左４つが中期）

目　次

カバー写真　三内丸山遺跡全景
装丁　吉永聖児

改訂版

三内丸山遺跡

I　三内丸山遺跡登場

1　巨大木柱出土

一九九四（平成六）年六月、「柱穴の底に太い柱のようなものがあるので見てほしい」と遺跡北西側の遺構群を調査していた担当者から報告があった。その場所へ行き、実際に見て驚いた。直径約二メートル、深さも二メートル近くある柱穴の中に、溜まった地下水から木柱の一部が顔を出していた。太さは一メートルほどで、これまでの発掘調査で出土していたどの木柱よりも一回り大きかった（図1）。

周囲を見るとまだ掘っていない柱穴も含めて、三個ずつ二列の合計六個の柱穴が等間隔で整然と並んでいることが確認できた。どうも六本の柱で構成される大型建物跡である可能性が考えられた。これまでも三内丸山遺跡では掘立柱建物跡やその柱が見つかってはいたものの、これほど建物の規模や形態がはっきりとわかるようなものは少なく、これらの柱穴と木柱を精査することによって、具体的な建物の姿が見えてくるものと思われた。

調査は慎重に、木柱の乾燥や劣化を防止しなが

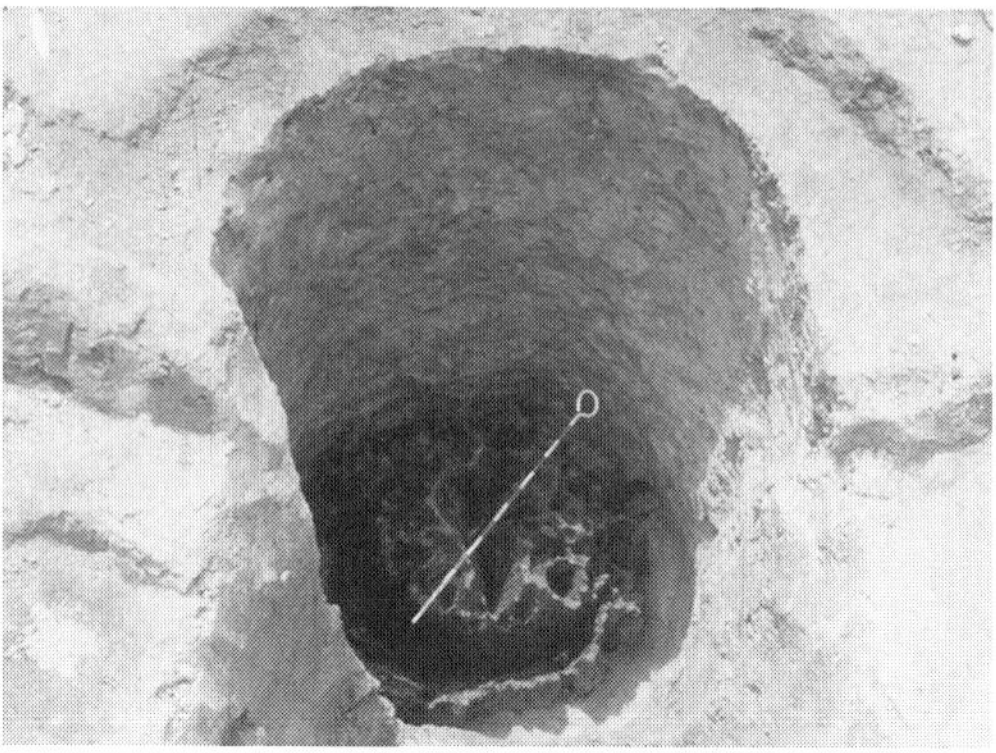

図1　巨大木柱検出状況

図2　最古の土器（大平山元遺跡）

ら進められ、すべての柱穴が掘り上がったのは約三カ月後のことであった。

縄文時代が開始するのは今から約一万五〇〇〇年前、終わるのが約二四〇〇年前、その間一万年以上にわたって縄文文化が営まれた。最近、放射性炭素を利用した高精度年代測定が行われ、さらに暦年代に補正された結果、約一万五〇〇〇年前とする見解が定着しつつある。土器（図2）と弓矢が登場し、以前の旧石器時代にくらべて、人びとの生活は大きく変化した。縄文時代の生活といえば、小さなムラを作り、竪穴住居に住み、動物や貝、木の実を食べ、食料がなくなると別の場所へ移動する、未開・未発達の原始的な生活と考えられていた。

長髪、髭ぼうぼうで毛皮を着、槍や弓を手にした男たちは野山を駆けまわって、動物を追いかけ回す、女性や子供たちは海岸で貝を拾い、森で木の実を集める、そのようなイラストで表現されることも少なくない。その時代に大型建物が作られていたわけで、縄文文化を見直す大きなきっかけとなることは必至であった。

2　江戸時代から知られる大遺跡

三内丸山遺跡はすでに江戸時代から知られ、遺跡に関する最も古い記録では、山崎立朴《やまざきりゅうぼく》が編纂した『永禄日記《えいろくにっき》（館野越本）』（元和九［一六二三］年）がある。この永禄日記は津軽家家臣の北畠家の日記で、この正月二日の条に、有名なつがる市亀ケ岡遺跡（国史跡）と並んで、この地からたくさんの遺物が出土したことが記載されている。

「……また青森近在之三内村ニ小川有り此川ニ出候瀬戸物大小共ニ皆人形ニ御座候是等も訳知不申候」とあり、土偶が出土したことがうかがえる。しかし、これについては後世書き加えられた可能性があるとの指摘がある。

江戸時代後期には有名な紀行家菅江真澄《すがいますみ》が現地を訪れ、『栖家乃山《すみかのやま》』（寛政十一［一七九九］年）に、縄文時代中期の土器や土偶の精巧なスケッチと考察を記している（図3）。

「此村の古堰の崩れより、縄形、布形の古き瓦、あるいは甕の破れたらんようの形なせるものを掘り得しを見き。陶作のここに住たらんなどいえり。おもふに、人の顔、仮面などのかたちをせしものもあり、はた頸鎧（みかえのよろい）に似たるものあり、これ垂仁帝の御代ならん君かくろい給へばこれにしたがい奉りて、生る身の露とけち行ためしをなげいて、あはれみとどめたまひ、其人に代わるに埴輪てふものを作らせしめ給ふとなん。……」と大量の遺物の出土があったことを伝えている。このなかで真澄は、土偶を埴輪と考

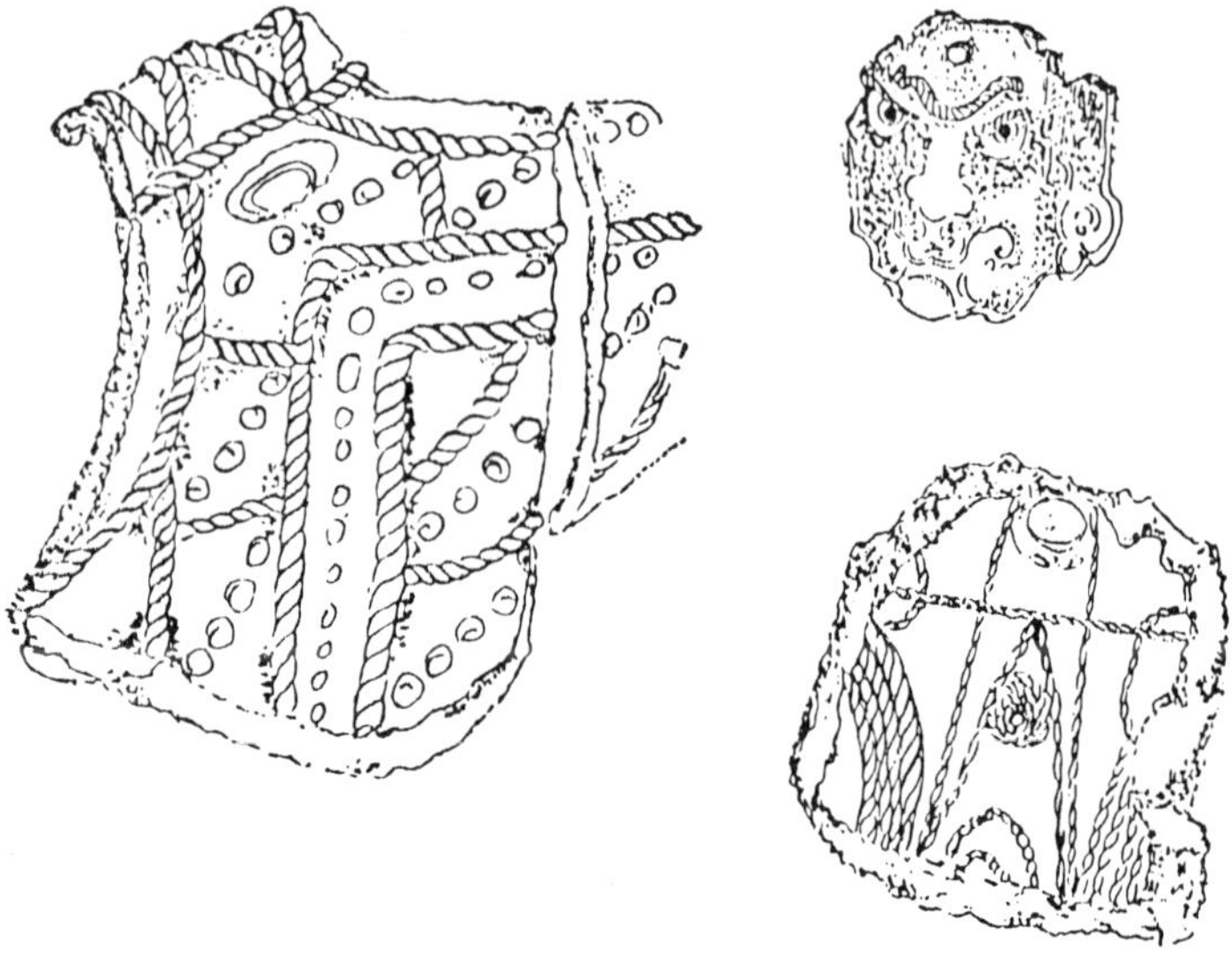

図3　菅江真澄による土器（右）と土偶のスケッチ（『栖家乃山』より）

え、日本書紀の垂仁天皇の条に見られる、埴輪説を紹介している。また、土器については涎《よだれ》掛けに似ているとし、土製の鎧とも考えている。現在とは違い、詳しい年代観が十分ではない当時において、真澄の観察眼と解釈はまさに驚きであり、スケッチも詳細で、特徴から現在でもその遺物の年代が特定できるほどである。

一九二一（大正十）年には近くの三内里見から石器が、一九二八（昭和三）年には三内丸山から石器が出土したことが報告されている。その後も地元考古愛好者による遺物の収集が盛んに行われていたようである。一九四九（昭和二十四）年には青森高校社会研究部により、この地で貝塚を発見したことが報告されている。

ようやく一九五三（昭和二十八）年から三内丸山遺跡の学術的な発掘調査が始まった。慶應義塾大学清水潤三と地元医師成田彦栄により、第一

図4　並列する土坑墓

次（一九五三年）、第二次（一九五五年）、第三次（一九五六年）、第四次（一九五八年）と行われた。

このときの調査地点は、現在の北盛土の近くと考えられ、大量の土器や石器、土偶などが出土したことが報告されている。一九六七（昭和四十二）年には青森市教育委員会が現在の南盛土西側を調査し、土器、石器、土偶のほかに、ヒスイ製の玉が出土した。

その後、一九七六（昭和五十一）年に青森県教育委員会により南側の一部が発掘調査され、縄文時代中期の土坑墓が五六基検出された。これらの墓は中央の道路をはさんで向かい合うように配置され、同じ方向を向き、東西に並列していた。このような埋葬方法は類例が少なく、縄文時代の社会構造を考える上で貴重な資料として、当時注目された（図4）。

また、同年には三内丸山遺跡の南側に位置する近野遺跡（現在では三内丸山遺跡の一部と考えられている）も調査され、縄文時代中期の大型竪穴建物（住居）跡が検出されている。この大型竪穴建物跡は本県における最初の検出例である。一九八七（昭和六十二）年には青森市教育委員会が南盛土の南側を発掘調査し、竪穴住居跡や土坑が検出されている。

3　始まった平成の大発掘

この発掘調査は、隣接する青森県総合運動公園拡張事業に係る新しい県営野球場建設に先立つもので一九九二（平成四）年から始まった。

一九六七（昭和四十二）年に開設された総合運動公園も一九七七（昭和五十二）年の国体開催時に改修されたものの、施設の老朽化が目立つようになってきた。また、新たなスポーツ・レクリエーションに対応する施設整備の必要性も高まったことから、遺跡の所在する北側部分への拡張計画がもち上がった。県教育委員会文化課（現文化財保護課）と県土木部（現県土整備部）都市計画課で協議の結果、遺跡については発掘調査による記録保存とし、さらに緑地保存部分を多くすることで遺跡保存を図ることとした。そして青森県は一九九一（平成三）年に、既存の運動公園を拡張整備することを決定した。

一九九二（平成四）年四月から、用地買収の終了していた野球場建設予定地の三塁側スタンド部分より発掘調査に着手した。調査開始とともに、縄文時代前期末葉の大型竪穴建物跡や列状に配置された中期の成人用土坑墓が検出された。特に土坑墓は、一九七六（昭和五十一）年に調査した本遺跡南地区から検出された列状墓に類似し、長軸

図5　発掘調査風景（1994年）

が南北方向で、東西に並列しており、分布状況から大規模な墓域を形成している可能性が高まった。

台地の中央部からは中期後半の竪穴住居跡、土坑がまとまって検出された。北の谷は後世の盛土で埋められていたが、縄文時代には深い谷状地形であり、前期の遺物が大量に廃棄されていることが判明した。また谷の西側には厚い、盛土層の下に大規模な遺物廃棄ブロック（捨て場）が存在していることも明らかとなった。同年七月からは野球場建設予定地の他に、台地北端の送電線鉄塔移設予定地部分（第6鉄塔地区）の調査も並行して行った。そこからは掘跡が検出され、中世～近世の城館の一部であることも判明した。

また、調査区域が拡大するにつれて平安時代の集落跡も見つかり、本遺跡は縄文時代・平安時代・中世～近世の複合遺跡であることが明らかとなった。第6鉄塔地区では中期の大規模な遺物包含層の下に前期の包含層が存在し、さらにその下部では泥炭層となった。大量の土器・石器の他に動・植物遺体が良好な状態で残存していたため、より慎重な調査が求められた。多数の遺構と膨大な遺物が発見され、当初の計画通りの調査が不可能になったため、一九九二（平成四）年度は三塁側スタンド部分のみ終了することとし、さらに調査期間を延長し、調査を続行した。十一月には中期の直径八五センチのクリの巨木を使った大型掘立柱建物跡が発見された。しだいに天候不順となり、降雪の中ようやく精査を終了した。

　一九九三（平成五）年度は担当職員・調査補助員・発掘作業員を増員し、四月より調査を再開した。前年度に引きつづき一塁側スタンド部分、メインスタンド、外野グランド、外野スタンド部分、第6鉄塔地区の調査を先行した。四月の調査開始とともに第6鉄塔地区では縄文時代前期中葉の泥炭層から保存状態のきわめて良好な骨角器をはじめ、編み物、袋状の製品、動・植物遺体などが次々と出土した。谷の西側の遺物包含層は盛土遺構（北盛土）であることが判明し、大量の土砂と遺物の一括廃棄が繰り返し行われた結果により形成されたものと考えられた。八月には中央部分から中期後半の長軸が三〇メートルを越える大型竪穴建物跡が検出された。北盛土の西側には住居域が広がり、しかも前期から中期にかけて同じ地点にくり返し構築していたため重複が激しく、一塁側スタンド部分では柱穴と考えられる小ピット群が密集して発見された。北の谷でも大量の土器・石器や泥炭層からまとまって動・植物遺体が出土した。十月には外野スタンド部分の調査に入り、南斜面には中期の竪穴住居が構築されていることが判明した。また台地中央の平坦部からは大型掘立柱建物跡が同じ棟方向で検出された。遺構が密集し、重複も激しいため作業が進まない日々がつづいた。十一月には降雪に見舞われ、一部ではビニールハウスを建設し悪条件の中調査はつづけられた。

一九九四（平成六）年度は調査の最終年度にあたり、四月より集落の本体部分の調査に本格的に着手した。またサッカー場建設予定地、テニスコート建設予定地、取り付け道路予定地の試掘調査も実施した。新たに南盛土が見つかり、大量の遺物が包含されていることが判明した。北の谷からは前期中葉の杭列が検出され、さらに法面に円筒土器を埋め込んだ形跡も観察された。また国内で初めての出土例の掘り棒や漆器なども出土した。

4　加熱する報道合戦と縄文フィーバー巻き起こる

一九九四（平成六）年七月十六日、地元紙である東奥日報の朝刊の一面トップには『日本最大の縄文集落発見』との大きな見出しが踊った。発掘調査は三年前から始まっており、大規模集落と判明したことは何も最近のことではなく、野球場の建設工事に追われるように進められていた。突然の報道に戸惑いながらもひたすら発掘調査に専念することをあらためて自分自身に言い聞かせ、冷静な対応を心掛けることとした。当日の午後からは、地元マスコミだけではなく、遠く離れた東京、関西、九州など各地に広がり、メディアも新聞だけでなく、テレビ、ラジオ、週刊誌など多様となった。偶然にも当日の朝日新聞夕刊一面にカラーで『縄文時代の大規模建物発見』ということで報道されたのである。あの有名な弥生時代の大集落佐賀県吉野ケ里遺跡の望楼をしのぐ可能性ありとされていた。調査をする側からすれば、木柱は一九九二（平成四）年にすでに見つかっており、相当の高さの建物と推定され、大型高床建物もすでに縄文時代に存在してことは他の遺跡の事例からも当然のことと思われた。

さらにマスコミからの問い合わせは深夜までつづいた。翌週月曜日、発掘調査のため現地に行くと、すでにマスコミ各社が待ち構えているといった状況であった。作業を始めても次々と取材陣が訪れ、まったく仕事にならないほどであったが、特に取材制限する必要もなく、ありのままの発掘現場を見て頂くとの姿勢のもと調査はつづけられた。県の上層部からも「遺跡の話題は明るいニュースだから、どんどん取り上げてもらいなさい」ということであった。マスコミ各社はそれぞれ現場の記者が興味関心をもったことを取りあげ、夕方のローカルニュースは三内丸山遺跡関係のニュースで始まるといった状況であった。

一方、見学者への対応も必要にせまられた。その日のニュースを見た県民が、翌日から続々と遺跡を訪れるようになり、その数も日に日に増えてきた。新鮮な情報が届けられ、それを見た県民がさっそく遺跡に行ってみようと思ったわけである。都合のいいことに遺跡は青森市街地から車で一五分くらいであり、比較的足の運びやすい場所にある。見学者はさらに増えつづけた。見学者が異口同音に言うことは「テレビと同じだ」だと（図6）。

調査スタッフも「このような遺跡を調査することは、もう二度となく、調査が終わるとこの遺跡は跡かたもなくなってしまうのだから、見学者があれば時間の許す限り、きちんと対応しよう」と

図6　多くの県民が訪れた現地説明会（1994年）

確認していた。話題になる前からも見学者は、積極的に受け入れ、説明を求められれば、きちんと対応してきていた。

そんななかで報道合戦はより激しさを増し、スクープ合戦が繰り広げられ、より専門的な視点に立った報道も出始めた。そして、そのうちに「遺跡を保存すべき」という意見が出てきた。マスコミの世論調査では九割以上の県民が遺跡を保存するべきだと答えたのである。どちらかといえば、口の重い青森県民が、明確に意志表示をするとはそれまでとうてい考えられないことであった。

そもそも、この遺跡の調査は野球場を作るための事前調査であって、調査が終了すると当然建設工事が始まり、遺跡はなくなる予定であった。すでに一部では、実際にスタンド部分の工事が始まり、掘削され、太いコンクリートパイルが打ち込まれていた。工事に追われるように調査は進められていたが、その工事を止めて、遺跡を保存するということは県の方針を大きく変更することになり、容易なことではないと思われた。しかし、「野球場はどこにでも作れる。遺跡はここにしかない。それは貴重なわれわれの文化遺産である」と県民が声を上げたのである。その声は日増しに高まり大きくなっていった。

5 遺跡保存へ

八月一日、北村知事（当時）は「進めていた野球場建設工事の即時中止し、遺跡の永久保存と活用を決定」と発表した。突然の新聞報道から二週間で、保存が決まったのである。調査に携わる私自身、まったく予想もしえないことであった。八月三日・四日に行われた現地説明会には合計八〇〇〇人の県民が訪れた。現地説明会といえば、歴史ファン、考古ファンが多いが、ふつうの県民が、家族づれが訪れたのである。おりしもその日は、今夏最高気温の猛暑にもかかわらず、長時間並んで待ち、縄文時代に思いを馳せた。現地説明を終えて帰る間際、県民の方々から「ありがとう」という言葉を頂いた。長年遺跡の調査に携わってきたが、初めての経験だった。遺跡の調査というと工事関係者や開発部局からは煙たがれ、県民からは興味関心で行っていると思われがちであったが、行政で行う発掘調査もようやく市民権を得たとの実感をもつことができた。

その夏から秋にかけては、数多くのシンポジウム、フォーラムが催され、どの会場も満員で、活気に満ち溢れたものであった。保存もさることながら、遺跡をどのように活用するのかということを市民で考えていこうといった気運が高まり、専門家だけでない、市民によるフォーラムが何度も開かれた。縄文ファッションショーを催すなど、楽しめて、意見を引き出すことをねらったものも行われた。

県民は今まで確固として受け継がれてきた歴史や文化があるにもかかわらず、教科書などで取り上げられることも少なく、自分のありかをたよりなく感じていたところ、遺跡をきっかけにアイデンティティーをとり戻したのかもしれない。

一九九五（平成七）年からは史跡指定のための、範囲確認調査・試掘調査を行い、平行して短期整備が進められた。そして、一九九七（平成九）年三月には国史跡、さらに二〇〇〇（平成十二）年十一月には縄文遺跡としては国内三番目、じつに四四年振りに国特別史跡となった。二〇〇四（平成十六）年には出土品の一部一九五八点が国の重要文化財に指定された（図7）。

東奥日報
三内丸山遺跡
国特別史跡に指定
9年間の発掘を評価
縄文は44年ぶり3件目
高屋敷館は史跡
日本原燃が決定
指定祝い行事

図7　特別史跡指定の記事

Ⅱ　発掘調査の成果

1　遺跡の位置と立地

三内丸山遺跡は、縄文時代前期中葉から中期末葉（今から約五九〇〇年～四二〇〇年前）にかけての円筒土器文化期の拠点的集落跡である。

この時代にはバケツを上下に引っ張ったような、細長い筒型の土器がたくさん作られた（口絵参照）。円筒土器文化は、東北地方北部から北海道南部にかけて分布し、長い間繁栄するとともに、その影響は遠く北陸地方や北海道西部まで見られる。

青森県は西に日本海、東に太平洋、北に津軽海峡と三方を海に囲まれ、県西部には世界最大規模のブナ林である世界自然遺産白神山地が広がる自然豊かな土地である。三内丸山遺跡は、津軽半島と下北半島に囲まれた陸奥湾の奥部に位置する、青森市の南西部、ＪＲ青森駅の南西方向約四キロの青森市三内字丸山に所在する（図８）。

遺跡は北側を流れる沖館川の河岸段丘上に立地する。段丘は西から東にかけて緩やかに傾斜し、標高一〇メートル～一八メートルの低位段丘に主に遺跡は分布

図8　三内丸山遺跡から陸奥湾をのぞむ

するが、遺跡南西側では標高二〇《メートル》～五〇《メートル》の中位段丘にも広がっている。両者の比高は五《メートル》ほどで緩斜面で連続している。試掘調査の結果、遺跡の範囲は約三五《ヘクタール》と広大であることが確認されている（図9）。

沖館川との比高は七～八《メートル》で、急崖となっているものの、北の谷や南の谷など湧水によって浸食された谷地形が所々に見られ、湧水の一部は沖館川に注いでいる。発掘調査以前は植林による杉の山林と畑であったが、大きな土地の改変は見られず、縄文時代の地形が比較的良好な状態で保存されていたものと考えられる。

遺跡の基本的な層序は四層に分層され、上から第Ⅰ層は表土、第Ⅱ層は黒褐色土であり、おおむね縄文時代中期末の最花式（大木九式平行）から平安時代、中世～現代までの遺物が包含されるが、地点によってⅡa層とⅡb層に分層できる。

また、白頭山を起源とする平安時代に降下した苫小牧火山灰が確認できる。この層で近世の建物、中世のかまど状遺構、堀跡や溝跡などが確認できる。

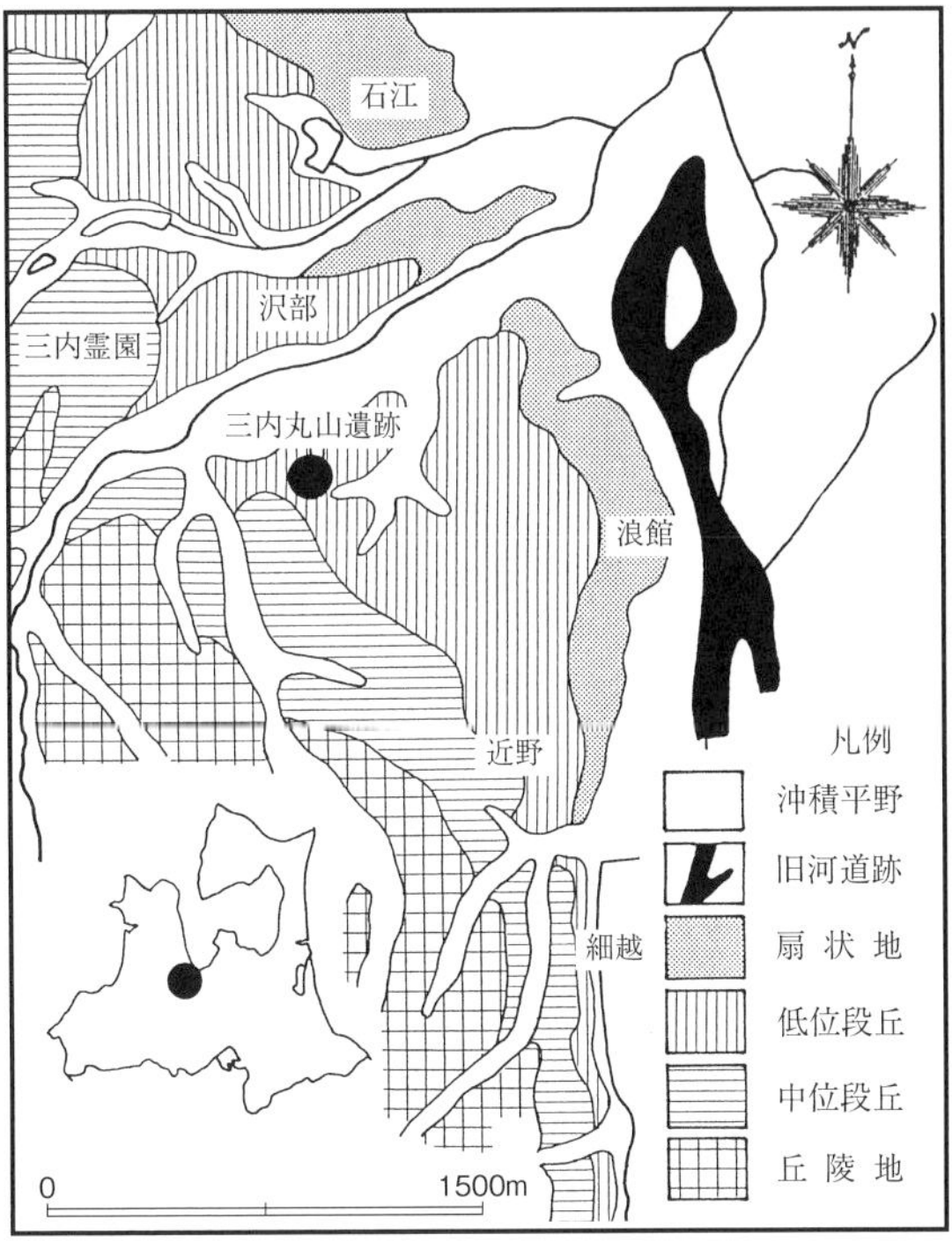

図9　遺跡周辺の地形分類

第Ⅲ層の褐色土は縄文時代中期の文化層である。地点によって中期前半のⅢａ層と中期後半のⅢｂ層に分層される。きわめて人為的に形成されたものと考えられ、大半の遺構はこの文化層で確認できる。第Ⅳ層黒色土は前期の文化層であり、前期中葉以降を主体とするが、ごくわずかに前期前葉の遺物も包含する。第Ⅴ層は漸移層、第Ⅵ層は地山となり、千曳浮石《ちびきふせき》相当層によって構成される。かつて本遺跡より旧石器が採集されたとの報告があるが、現在のところ旧石器はまったく確認されていない。

　本遺跡は縄文時代、弥生時代、平安時代、中世、近世、近代の複合遺跡であることが明らかとなったが、本書では縄文時代のみを取り扱うこととする。

2　周辺の遺跡

三内丸山遺跡のこれまでの発掘調査成果から、以前遺跡台帳に登録されていた三内丸山（1）遺跡、三内丸山（2）遺跡、近野遺跡、小三内遺跡を含む広大なものであることが判明し、現在はこれら全体を含む形で三内丸山遺跡としてよぶことにしている。ただし、広大であるため三つの地区に分け、北地区（旧三内丸山（1）遺跡、三内丸山（2）遺跡、小三内遺跡）、南地区（旧三内丸山（2）遺跡）、近野地区（旧近野遺跡）としている。

さらに三内丸山遺跡の周辺には数多くの縄文時代の遺跡が所在することも発掘調査や分布調査を通して知られている。これらのなかで、三内丸山遺跡とほぼ同時代の遺跡で前・中期の発掘調査が行われた主な遺跡について紹介する（図10）。

熊沢遺跡　三内丸山遺跡から南西方向約四キロほど離れた沖館川左岸に位置する。一九七五・一九七六（昭和五十・五十一）年に県教育委員会が、一九九七（平成九）年に市教育委員会が発掘調査を行った。調査の結果、縄文時代早期から後期にかけての遺構、遺物が確認された。特に縄文時代前期では竪穴住居跡、土坑、炉跡、捨て場などが発見されるとともに大量の遺物が出土した。これらは三内丸山遺跡の集落出現期とほぼ同時代のものである。

岩渡小谷（3）遺跡　三内丸山遺跡の西側に位置し、二〇〇〇（平成十二）年度に県教育委員会が発掘調査を行い、縄文時代中期の遺構、遺物が確認された。

岩渡小谷（4）遺跡　三内丸山遺跡の西側約一キロに位置し、二〇〇〇・二〇

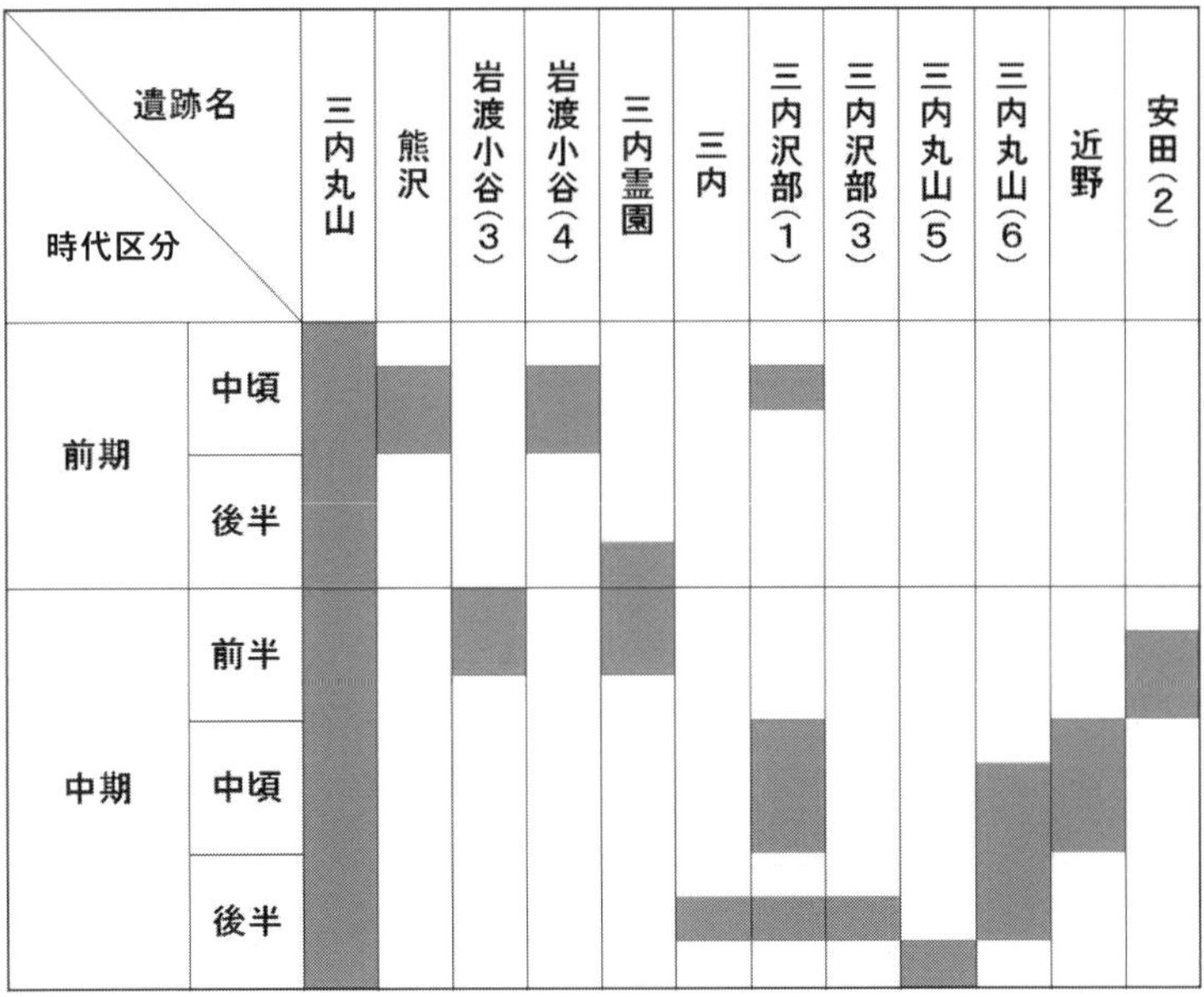

図10　三内丸山遺跡と周辺の縄文遺跡の関係

○一（平成十二・十三）年に県教育委員会が発掘調査を行った。縄文時代前期中葉から後葉にかけての集落跡であることが判明し、竪穴住居跡、土坑、埋設土器、水場遺構などを検出した。

三内霊園遺跡　沖館川の対岸、三内丸山遺跡から北西方向に約一キロほど離れた丘陵上に位置する。一九六一・一九六二（昭和三十六・三十七）年に青森市教育委員会が発掘調査を行った。調査の結果、縄文時代前期から中期にかけての遺構、遺物が確認された。ヒスイ製の玉、玦状耳飾りが注目される。

三内遺跡　三内丸山遺跡から西側へ約五〇〇メートルほど離れた、沖館川右岸に位置する。一九七六（昭和五十一）年に県教育委員会が発掘調査を行った。調査の結果、縄文時代中期から後期にかけての遺構、遺物が確認された。三内丸山遺跡の後半期とほぼ同時代の遺跡である。

三内沢部（1）遺跡

沖館川を挟んで、五〇〇《メートル》ほど南側に離れた、三内丸山遺跡の対岸に位置する。一九七六（昭和五十一）年に県教育委員会が発掘調査を行った。調査の結果、縄文時代早期から後期にかけての遺構、遺物が確認された。特に縄文時代中期中頃から後半にかけての竪穴住居跡、埋設土器、土坑などからなる集落跡が一部検出され、三内丸山遺跡との関わりが想定される。

三内沢部（3）遺跡

沖館川を挟んで三内丸山遺跡の対岸に位置する。二〇〇三（平成十五）年に県教育委員会が発掘調査を行い、縄文時代中期後葉の竪穴住居や焼土遺構が捻出され、遺物が出土した。

三内丸山（5）遺跡

三内丸山遺跡の南西側に隣接する。一九九八（平成十）年に県教育委員会が発掘調査を行った。調査の結果、縄文時代中期末葉の竪穴住居跡が検出され、三内丸山遺跡以降の集落変遷を知る上で興味深い。

三内丸山（6）遺跡

三内丸山遺跡の南西に位置し、一九九七〜一九九九（平成九〜十一）年に県教育委員会が発掘調査を行った。調査の結果、縄文時代前期の遺物、中期の竪穴住居跡、土坑や遺物が確認された。

近野遺跡

三内丸山遺跡の南側に隣接して位置し、昭和〜平成にかけて県教育委員会が発掘調査を行った。縄文時代中期中葉から後半にかけての大型建物跡、掘立柱建物、竪穴住居跡、貯蔵穴、水場遺構などが検出された。

安田（2）遺跡

三内丸山遺跡の南西に位置する。一九九七・一九九九・二〇〇〇（平成九・十一・十二）年に県教育委員会が発掘調査を行い、縄文時代中期の竪穴住居跡、前・中期の遺物が出土した。

3　集落の変遷

三内丸山遺跡は長期間にわたり継続した拠点集落跡である。この場所に集落が初めて出現するのは縄文時代前期中頃（今から約五五〇〇年前）のことである。まず、遺跡北側に集落は出現するが、前期の集落はその大半が中期に構築された南・北盛土の下に埋もれており、現状保存されていることから発掘調査が十分に進んではいないので、不明な点が多い。

整理作業が終わり、報告書が刊行された遺構については土器型式単位の時期が判明し、詳細な時期変遷を示すことができるが、土坑墓などおおよその時期がわかるものの出土遺物が少ないことから土器型式ごとの時期認定が困難なものもあり、集落の変遷について以下のように時期区分し、その概略を述べる。

（一）前期の集落

第Ⅰ期　前期中葉（円筒下層ａ・ｂ式期）　集落は段丘北側を中心に展開する。竪穴住居・大型竪穴建物・土坑墓・埋設土器・貯蔵穴・廃棄ブロック（捨て場）などから構成される。竪穴住居は北の谷西側から段丘中央の平坦部にかけて構築され、重複が激しい。この時期は竪穴住居内部に明確な炉が確認されない。大型竪穴建物が段丘中央に出現する。

墓は集落の出現期のものが南盛土の下から一基だけ検出されたことから、南盛土の下には墓域が形成されている可能性がある。小児の墓である埋設土器も竪穴住居に近接して作られる。貯蔵穴は竪穴住居の近くに小型の袋状土坑が分布する。特筆されるのは大規模な捨て場で、北の谷と沖館川に面した斜面から発見されている。どちらも低湿地や泥炭層となっているため土器・石器の他に大量の動植物遺体・木製品・骨角器などが出土した。また、北の谷からは南北に延びる道路跡と土留め用の杭列も検出された。

第Ⅱ期　前期後葉（円筒下層c・d式期）　Ⅰ期と同様に段丘北側に展開するが、集落規模は拡大する。少なくとも前期の終わり頃には北の谷を挟んで、大きく西側に住居域、東側に墓域が形成される。この原則はその後集落の終焉まで大きく変わることはない。住居域では竪穴住居の建て替えが頻繁に行われたためか、重複が激しい。前期後半には竪穴住居内に地床炉が明確に出現する。長軸が一八メートルもある大型竪穴建物が北の谷の東側に単独で構築される。

北の谷の東側に円形や楕円形の土坑墓が比較的密集して造られ、前期の終わりには確実に小判型で列状に配置された土坑墓が出現する。埋設土器は竪穴住居の近くに分布する。貯蔵穴は竪穴住居の近くに配置されているようである。引きつづき大規模な捨て場がⅠ期と同じ場所に継続して形成される。この段階で北の谷の道は廃絶している可能性が高い。

（二）中期の集落

第Ⅲ期　中期前葉（円筒上層a・b式期）　Ⅰ・Ⅱ期と同様、北地区を中心にするが、規模は拡大傾向にあり、北地区全体に展開する。竪穴住居、大型竪穴建物、土坑墓、埋設土器、貯蔵穴、掘立柱建物、盛土から構成される。竪穴住居は引きつづき谷の西側と南斜面に構築される。大型竪穴建物は段丘中央から北側に構築される。土坑墓は列状墓が形成され、列状墓の出現と同時にその間を通る道路も機能したものと考えられる。埋設土器は谷の東側の平坦部から斜面にかけてと西側の居住域北側に密集して分布する。貯蔵穴は段丘の縁辺部に密集して構築される。掘立柱建物は段丘中央部に東西棟の建物が縦列して、南盛土の南西側にも並列して東西棟の建物が密集して分布する。どちらも同時に複数棟存在した可能性が高い。巨木を使った大型掘立柱建物は段丘の北西端に出現する。盛土は北・南・西の各盛土の形成がほぼ同時に始まった。

第Ⅳ期　中期中葉（円筒上層c・d・e式期）　集落が最も拡大する時期で、北・南・近野地区全体に展開する。竪穴住居、大型竪穴建物、土坑墓、埋設土器、貯蔵穴、掘立柱建物、盛土、道路、粘土採掘穴から構成される。竪穴住居は引きつづき谷の西側と南斜面を中心に段丘全体に構築される。大型竪穴建物は段丘中央から北側に引きつづき構築される。土坑墓は列状墓が継続して形成されるとともに周囲を礫で囲んだ環状配石墓が出現する。埋設土器はⅢ期と同じ場所に構築されるが、この時期が最も数が多い。貯蔵穴は大型化し、南地区および段丘縁辺部に密集して構築される。掘立柱建物は段丘中央部に東西棟に建物が縦列して、南盛土の南西側にも並列して東西棟の建物が密集して分布する。巨木を使った大型掘立柱建物も引きつづき構築される。盛土はさらに大型化する。

第Ⅴ期　中期後半（榎林式・最花式期）　引きつづき集落規模は拡大傾向にあるが、Ⅳ期にくらべて各施設の配置の規則性が崩れはじめるようである。集落は同様に北・南・近野地区に展開する。竪穴住居、大型竪穴建物、土坑墓、埋設土器、貯蔵穴、掘立柱建物、盛土、道路、粘土採掘穴から構成される。竪穴住居は引きつづき谷の西側と南斜面を中心に段丘全体に構築される。大型竪穴建物は段丘中央から北側に引きつづき構築される。土坑墓は列状墓が継続して形成されるが環状配石墓が多数構築される。埋設土器は急激に減少する。貯蔵穴は竪穴住居近くに点在する。大型掘立柱建物も引きつづき構築される。盛土は造られるがその活動量は減少するようで、この時期以降には形成されない。

第Ⅵ期　中期末葉（大木一〇式併行期）　集落は縮小傾向にあり、北地区に主に展開する。竪穴住居、土坑からなる。土地利用の規則性は薄れ、各施設の規則的な配置はみられない（図11）。

（三）集落の概要

中期のムラの跡はその全体像がおおよそ判明している。集落の構成要素として、住居、大型住居、大型掘立柱建物、掘立柱建物、貯蔵穴、土坑墓（成人用埋葬施設）、埋設土器（小児用埋葬施設）、粘土採掘穴、盛土、道路などがある。これらの施設は地域を別にして分布し、前期同様に空間利用の規制が引きつづき守られていたものと考えられる。また、埋設土器や盛土は長期間継続して形成されている。

竪穴住居は前期に引きつづき谷の西側と南側斜面に多数分布する。床に段をもつものや長軸の一端にピットや周堤などの付属施設が出現するなど、いろいろな形態の住居が出現する。最もこのムラが繁栄する時期は中期中頃（約四五〇〇年前）であるが、住居そのものの規模は他の時期に比較して小型化し、床面積が均一になるなど、他の遺跡にくらべて違いがある。長軸三〇《メートル》以上の大型竪穴建物跡（ロングハウス）が作られるのも特徴である。このような大型竪穴建物は各時期に少なくとも一棟以上造られ、しかもムラの中心近

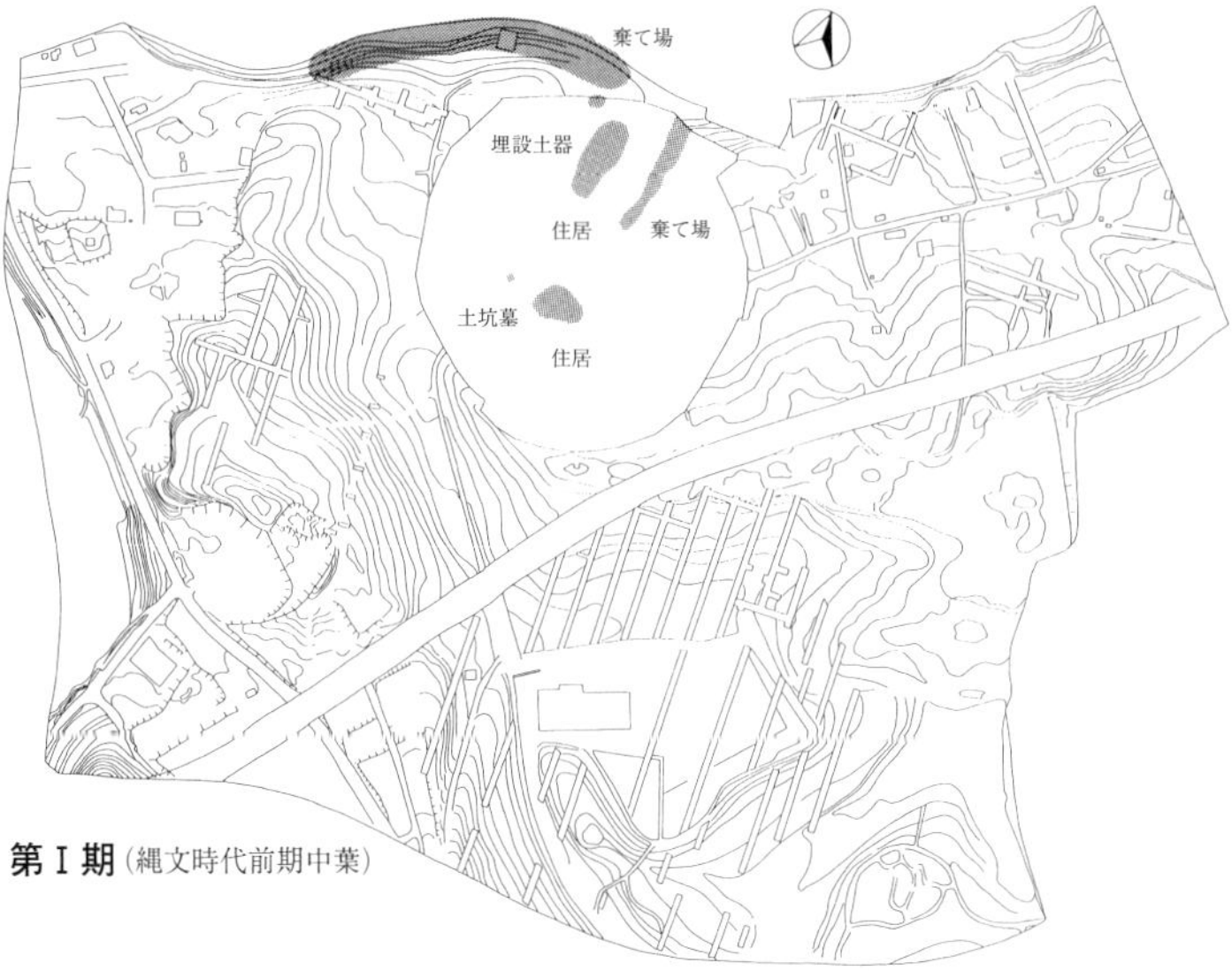

第Ⅰ期（縄文時代前期中葉）

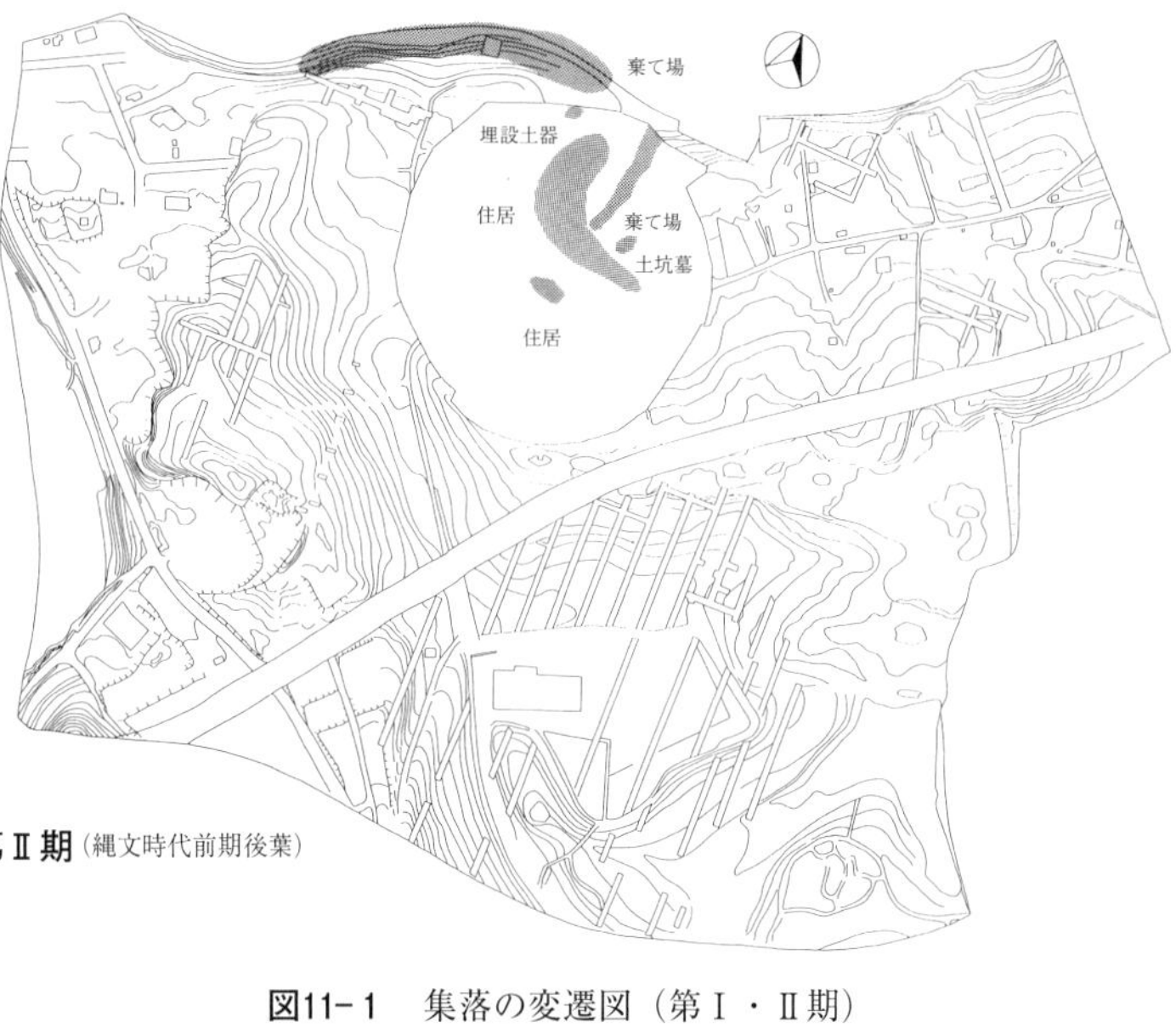

第Ⅱ期（縄文時代前期後葉）

図11－1　集落の変遷図（第Ⅰ・Ⅱ期）

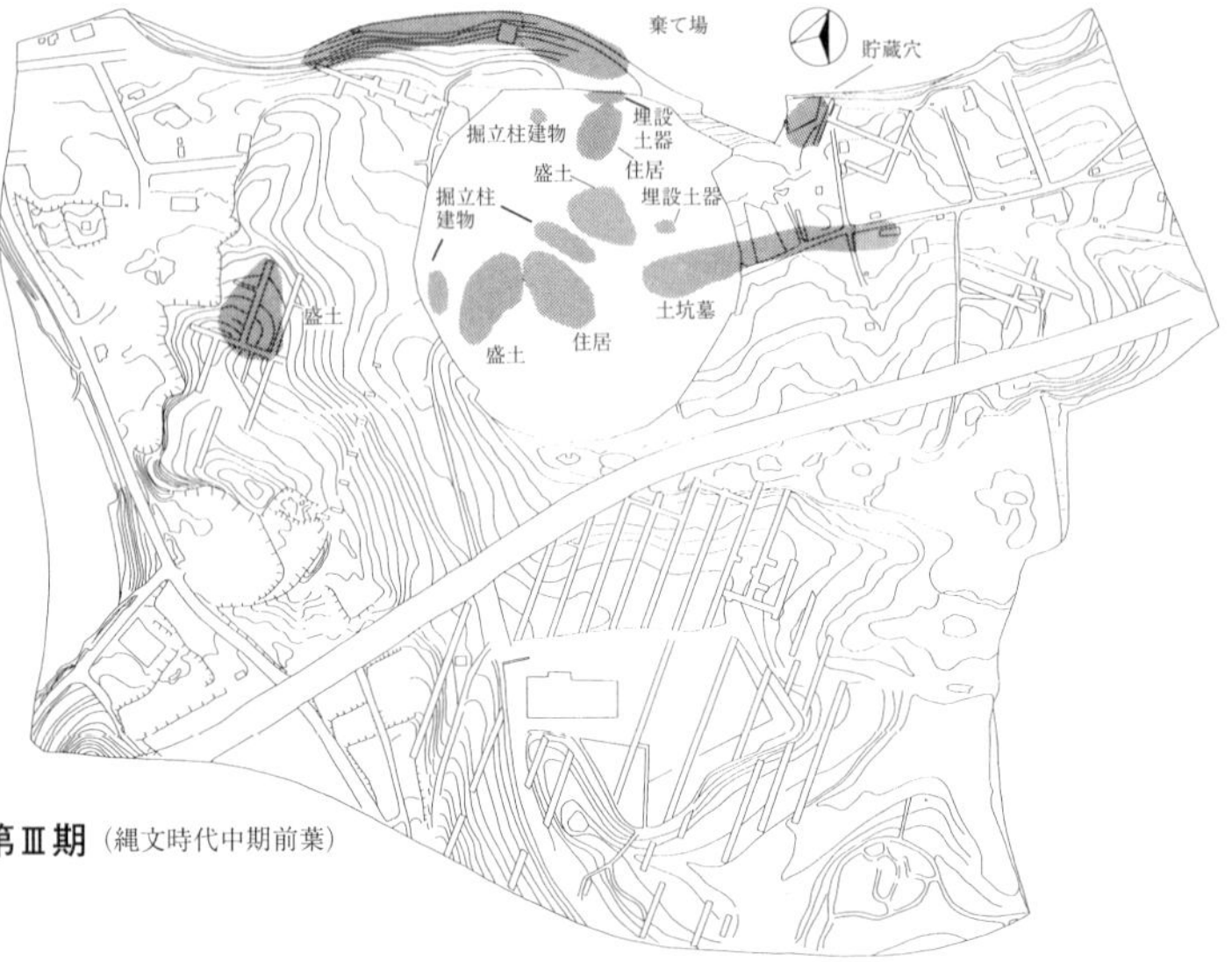

第Ⅲ期（縄文時代中期前葉）

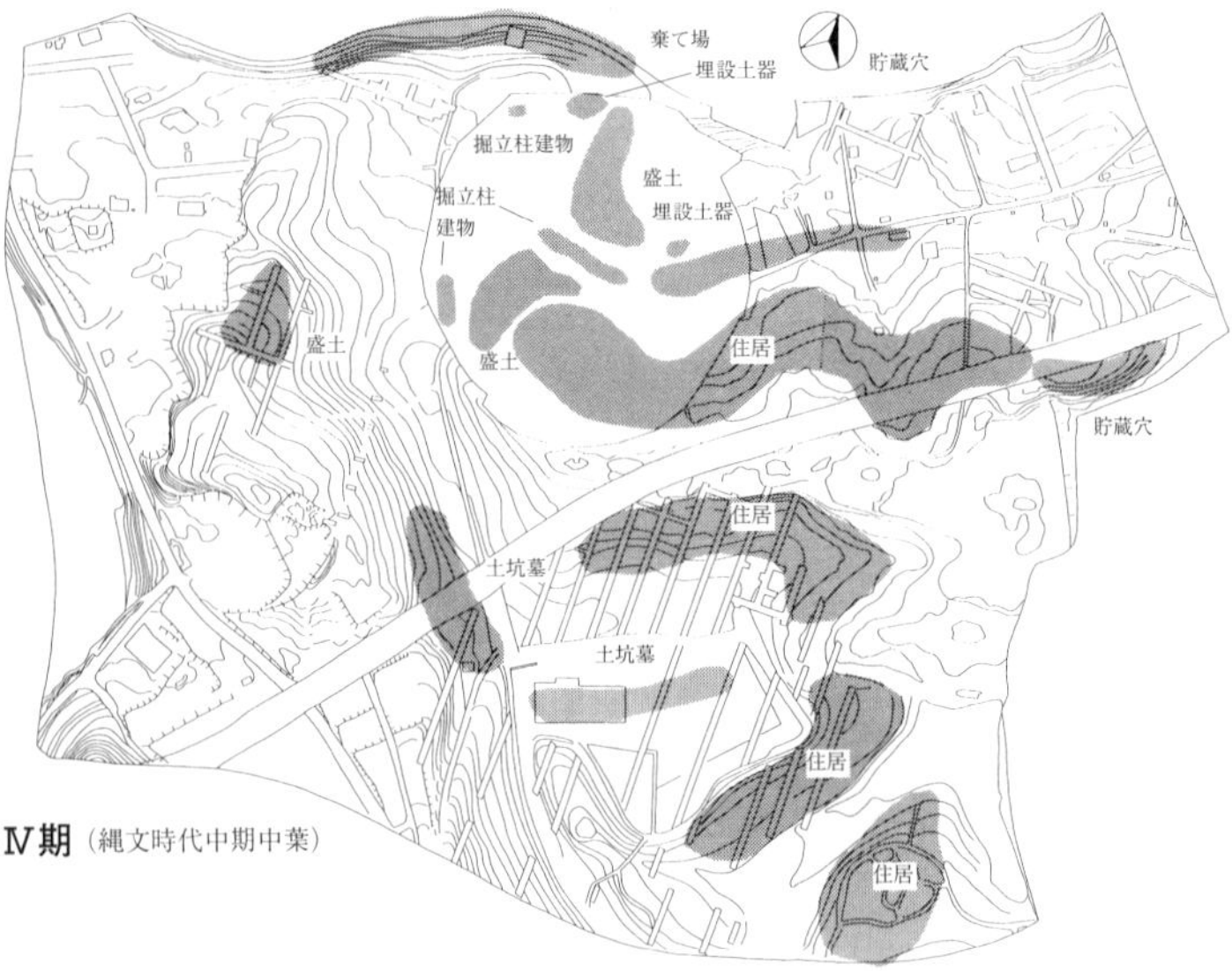

第Ⅳ期（縄文時代中期中葉）

図11－2　集落の変遷図（第Ⅲ・Ⅳ期）

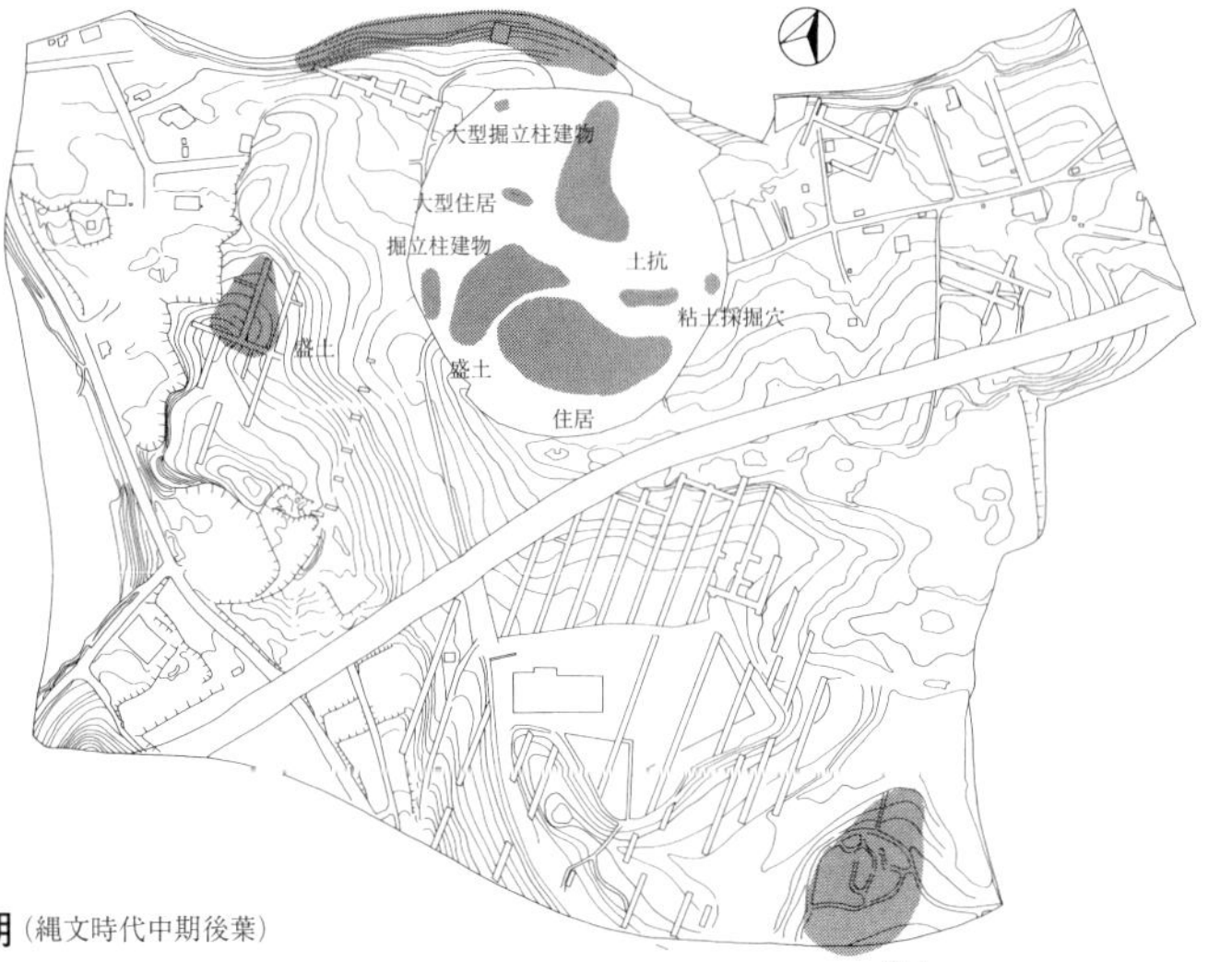

第Ⅴ期（縄文時代中期後葉）

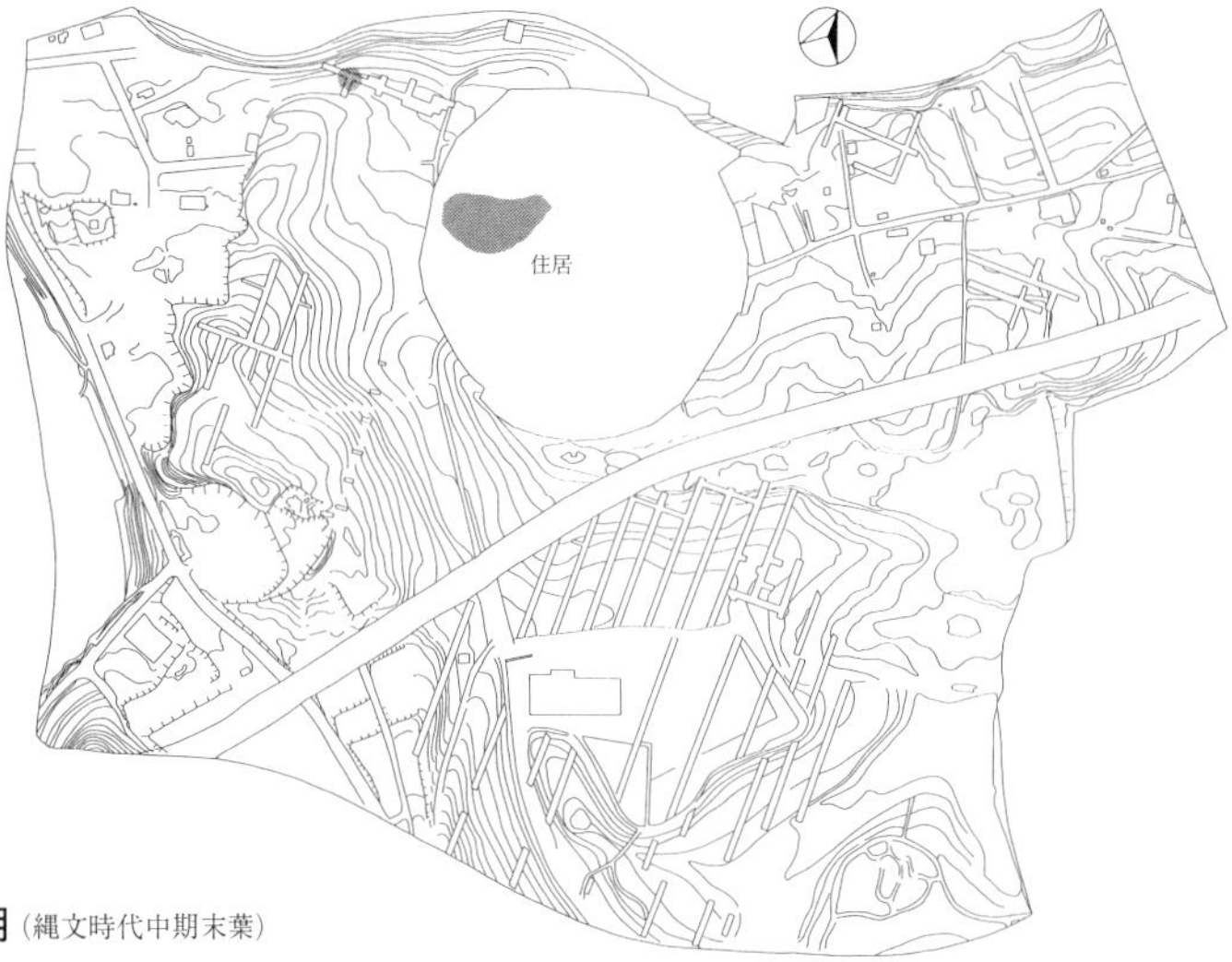

第Ⅵ期（縄文時代中期末葉）

図11-3　集落の変遷図（第Ⅴ・Ⅵ期）

くに構築されるようである。各住居とも建て替え・拡張を頻繁に繰り返しており、特に大型竪穴建物に顕著である。

墓は成人用埋葬施設の土坑墓、小児用埋葬施設の埋設土器が地点を異にして構築されている。成人用土坑墓は谷の東側に、幅約一二㍍の道路を挟んで向かい合うように東西に並列して配置される。この列状の墓列と道路跡が、これまでの調査で約四二〇㍍にわたって東側へ延びていることが確認されている。また、集落東側では南北に延びる道路跡が検出され、西側には環状配石墓が配置される。

小児用埋設土器は土器を直立した状態で埋設したものである。土器は完形の他に、底部穿孔・側面穿孔、口縁部打ち欠き、底部打ち欠き、口縁部・底部打ち欠きなど形状に違いがある。中から握り拳大の円礫が出土する場合がある。これらの埋設土器は谷の東側、台地の縁と西の居住域北側に密集して構築されている。

掘立柱建物跡は集落北西の台地の縁、集落の中央部、南盛土の南西付近からまとまって検出されている。これらの地点は時期ごとの変遷ではなく、機能・用途別に建てられたと考えられる。北西端の掘立柱建物跡は特に大型で、直径約一㍍のクリの巨木を使った長方形・六本柱、一間×二間の構造である。中央の建物跡は同規模の建物が同時に四～五棟存在した可能性が高い。盛土南西付近の掘立柱建物は南北に並列するようである。これらはすべて一間×二間の長方形で、梁行・桁行とも規格性が高いことから木柱列ではなく建物と考えられる。貯蔵穴は集落の外側、台地の縁や斜面に密集して造られている。粘土採掘穴は谷の東側、土坑墓列の南側から検出されている。平面形は不整形であるが底面はほぼ円形の掘り方が連続している。いずれも下部の粒径の細かな粘土質に近い火山灰を採取している。壁際は袋状になっており崩落の痕跡が見られるものが多い。

盛土は谷の西側（北盛土）、南斜面（南盛土）、集落西側（西盛土）に構築されている。残土・排土といっしょに土器・石器・祭祀遺物・食物残滓等を廃棄したもので、常に整地されていたようである。その繰り返しによって、結果的に大規模な盛土（マウンド）を形成したものと考えられる。ヒスイ製大珠、土偶、小型土器などが多数出土することから祭祀との関連性が高い。

4　集落の特徴

縄文時代前期中頃（約五五〇〇年前）に集落が出現すると同時に土地が区別して使われ、集落規模が大型化する縄文時代中期（約五〇〇〇年～四〇〇〇年前）になるとより明確となる。当初は他の集落と規模に大差ないが、中期初頭から拡大傾向を見せ中期中頃には最大規模となり、集落を構成する施設も種類が増え、その数も多くなるものと推定される。

縄文時代の集落の中には規模が大きく、長期間継続した拠点集落と考えられるものがある。それらの特徴として、①多数の住居とそれ以外の施設からなり、それらが計画的に配置されていること、②住居以外に、食料貯蔵施設、集会施設、祭祀施設、集団墓地などが備わる、③居住期間が長く、継続的である、④生業活動に関する多様な道具を保有、⑤社会的・文化的活動にともなう遺構・遺物を有する、⑥多年にわたる物資の集積の結果、遺物量が多いことなどが挙げられる。

三内丸山遺跡はこれらの特徴がすべて見られることから拠点集落と考えられる。拠点集落の出現は、周辺集落との役割や機能の分担が推定され、拠点集落と周辺集落との「もの」や「人」の移動などを含めた有形無形の関係が存在していた可能性がある。三内丸山遺跡など円筒土器文化圏では早くから施設配置に規則性のある集落が見られ、拠点集落ほどその傾向がある。また貯蔵施設の普及とともに内陸部における拠点集落の出現も顕著となる。

その理由として、三内丸山遺跡では暖流系・寒流系の魚類の混在、栽培植物の出現、クリの管理、有用資源の徹底利用などが見られ、食料の安定確保とともに環境の変化に対応しやすい地理的条件、有用資源の開発と利用技術の獲得が考えられる。

中期になると集落を構成する施設は増加し、大規模かつ長期間継続する拠点集落が各地に出現する。三内丸山遺跡では竪穴住居、平地住居、大型竪穴建物、墓、捨て場、盛土、大型掘立柱建物、貯蔵穴、粘土採掘穴、道路などから構成される。これらの施設は集落内で一定の占地が認められ、拠点集落ほどその傾向が強い。

このような施設によって構成される集落は大部分が拠点集落と考えられるが、その内容には若干の相違がある。同じ円筒土器文化の拠点集落である青森県六ヶ所村富ノ沢(2)遺跡と三内丸山遺跡ではその竪穴住居跡の大きさに違いがある。図12は土器型式ごとに竪穴住居跡の床面積を表したものである。富ノ沢(2)遺跡では大型竪穴建物(ロングハウス)を除けば、大きく大・中・小といった三つに分類されるが、三内丸山遺跡では各時期を通して床面積が一〇平方《メートル》前後に集中する傾向がある。住居の床面積は収容人数を意味している一方、集落全体での住居相互の関係、居住者の構成のあり方なども反映し、特に大型竪穴建物

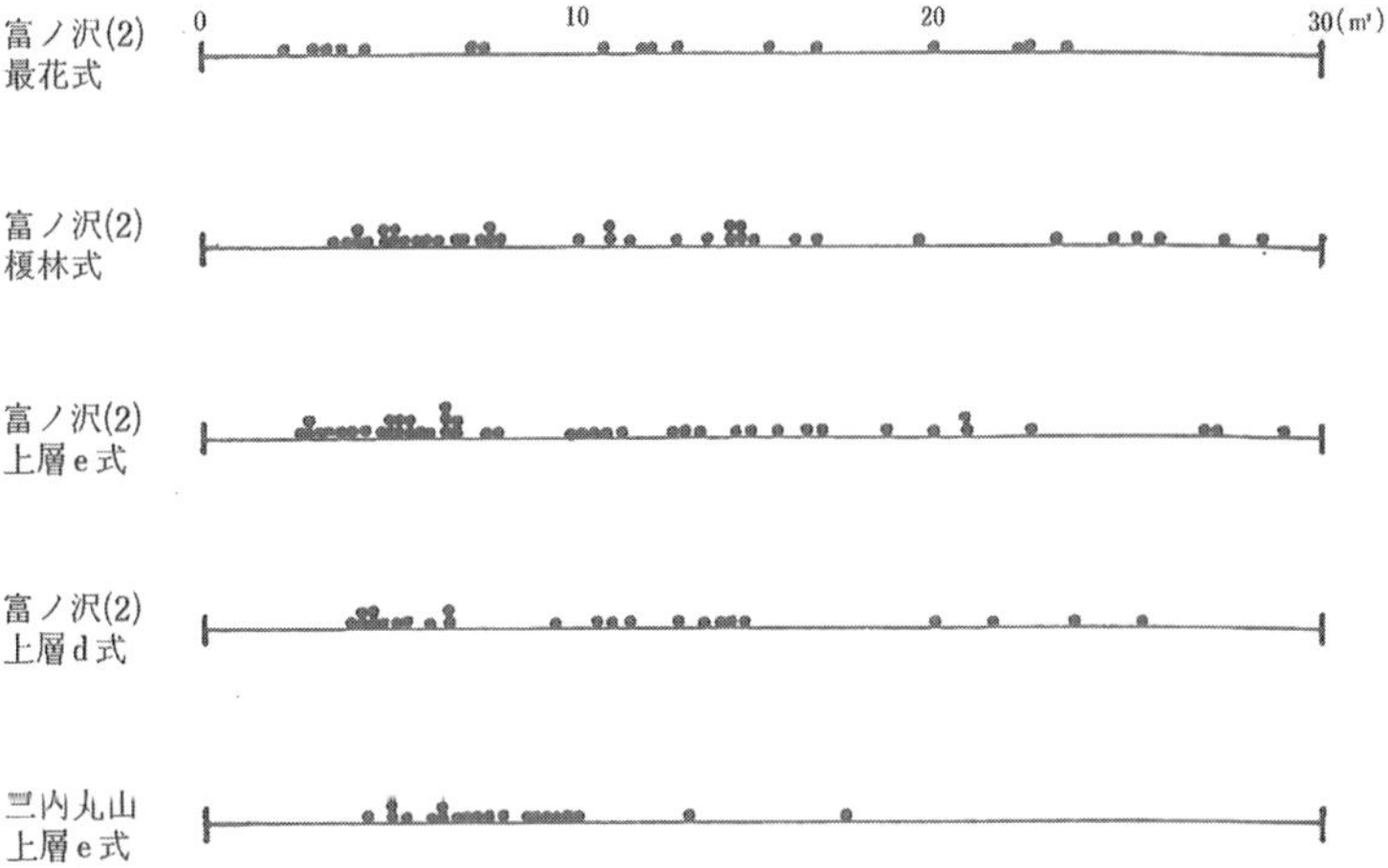

図12　竪穴住居跡の床面積分布図

については複合居住家屋の可能性もある。また、大型竪穴建物と一般的な住居とが併存することについては住居型式に関する社会的規制が強く働かず、多様な型式の住居が選択的に利用されていたことも考えられる。

床面積＝大きさは収容人数と居住形態そのもののを強く反映し、それが均一である場合、社会的規制が機能していたことも十分考えられる。富ノ沢（2）遺跡のように各大きさの住居が共存する事例をより血縁的な居住形態とすれば、三内丸山遺跡はそれがきわめて薄いことになる。複数の血縁集団の集合体としての集落ではなく、血縁以外の原理による集団の共同体といったことを検討する必要もある。また、専業、分業といった役割分担も背景としてあるのかもしれない。

集落内における長期間形成される大規模な墓地は祖先崇拝を想起させるとともに、盛土は継続的な祭祀行為の存在をうかがわせる。土偶や祭祀の道具の増加は社会生活において祭祀がより重要な意味をもってきたことにほかならない。これらは集落の大型化や長期間の継続と連動し、集落の多様な施設の維持管理や社会を支える上でのソフトウェアでもあった。あわせて、黒曜石・ヒスイ・コハクなどに見られる交流・交易は頻繁になり、より遠距離に「もの」が動いている。各集落間のネットワークの成熟と、他文化圏との安定した交流・交易も定着したものと考えられよう。

Ⅲ　人びとの生活

1　環境と生業

遺跡の土の中にはじつに多くの情報が残されており、それらを分析することによって当時の環境や生活の様子を具体的に知ることができる。三内丸山遺跡には低湿地が、北の谷、南の谷、沖館川に面した北斜面と三カ所あり、それらの地点から花粉分析などを行うための資料を採取するとともに、縄文時代前期中葉の地層から回収した土壌は水洗選別とフルイにかけられ、中に残存している植物種子、木材片、魚骨、動物骨、炭化物などの微細な資料が同定、分析された（図13）。

植物関係ではこれまでに八〇種類を越える植物種子が同定されている（表1）。圧倒的に多いのはクリとクルミである。種子そのものがきわめて大型で、殻も丈夫であり、しかも普段見たり食べたりすることもあるため比較的容易に判別できる。ほとんどが破砕された状態の破片で出土することから、縄文人が利用したことは明らかである。

クリは長さが二〇ミリ以上で、現代のものよりは

図13　フルイでの選別

表1　主な出土種子

木本類	イヌガヤ、スギ、アスナロ、サワグルミ、オニグルミ、ハンノキ、ブナ、コナラ、クリ、クワ、ヒメゴウゾ、ホオノキ、コブシ、キハダ、ウルシ属、トチノキ、ブドウ属、マタタビ、サルナシ、タラノキ、ミズキ、ハクウンボク、ニワトコ属
草本類	イネ科、カナムグラ、タデ属、ミゾソバ、アカザ属、マメ科、ウド、ナス属、キカラスウリ、スズメウリ、ミヤマニガウリ、ヒョウタン、キク科、ゴボウ

図14　出土した炭化クリ

やや小型である（図14）。三内丸山遺跡の植物種子の分析、同定を行った南木睦彦（流通科学大学）は、ある時期から実が大型化する傾向が見られることから、クリ栽培の可能性を考えている。また、佐藤洋一郎（元京都産業大学）は遺伝子分析を行い、栽培の可能性が高いことを指摘した。

クルミは小型のオニグルミで、完全なものは少なく、尖った頂部に打撃痕が認められるものや不規則な破片が相当数ある（図15）。

これら以外にも出土個体数が多く、しかも完全な状態よりも破片が目立つものにイヌガヤ、クワ、キハダ、ヤマブドウ、サルナシ、タラノキ、

図15　出土したクルミ

ミズキ、ニワトコ、キイチゴなどがある。キハダはすべて炭化しており、不自然な状態で、やはり人間の関わりが想定される。ヤマブドウ、サルナシ、ニワトコ、キイチゴはまとまって出土している。ヤマグワは破片が多く、しかも未熟な種子が大半を占めていることから、まだ未熟なものが一斉に採取されたことを示している。特定の果実を集中的に採取したことは、資源として利用されたことを裏づけるものである。

　最も大量に出土したのはニワトコである（図16）。遺跡北側の低湿地では厚さ五～一〇《センチ》と密集して堆積しており、容積にして五〇〇《リットル》以上あるものと見積もられている。明らかに人為的に廃棄されたものである。ニワトコは初夏に赤い小さな実をつける低木で、現在も遺跡周辺では見かけることができるが、この赤い実は毒性のため食べることができないとの説がある。いっしょにヤマブドウ、ヤマグワ、サルナシ、マタタビ、ヒメコウゾなども出土し、発酵酒を作っていた可能性を辻誠一郎（東京大学名誉教授）は指摘している。

　このような状態の種子は、同じ円筒土器文化圏の遺跡である秋田県大館市池内遺跡からも出土している。それについても分析を行った辻は次のような酒造りのシナリオを考えた。まず採取時期の異なる種子を乾燥保存し、利用するときに混ぜあわせて土器で煮る。冷めてくると乾燥したニワト

図16　出土したニワトコ

コの実を放り込む。そうするとコウジ菌が繁殖して発酵が行われる。発酵した液体を搾って回収し、不要な搾り滓を廃棄する。この廃棄された搾り滓が遺跡から出土しているのではないかと指摘している。

縄文時代には酒造りが行われていなかったというのがこれまでの定説である。一般に狩猟採集民は酒造りを行わず、酒の文化をもっていないといわれている。北アメリカでも酒を飲む習慣のない狩猟採集民であるイヌイットの社会に酒が持ち込まれ、さまざまな問題を引き起こし、一時社会問題となったことでも知られる。

縄文人も同じ狩猟採集民であることから、酒をもっていないとされていた。また、弥生時代に入って、酒の原材料である米が日本列島へ伝来したこともあって、それ以前の縄文時代には酒の原材料も技術もなかったとも考えられていた。民族学の石毛直道（元民族学博物館）は日本には果実酒を造る伝統がなかったと考えられることから、縄文人の酒造りについても否定的な見解を示している。もし、果実酒がかつて造られたのであれば、日本列島のどこかではその伝統が残っているはずだともいう。しかし、状況証拠は限りなく酒造りの可能性を示しており、今後他遺跡の類例の増加に期待したい。

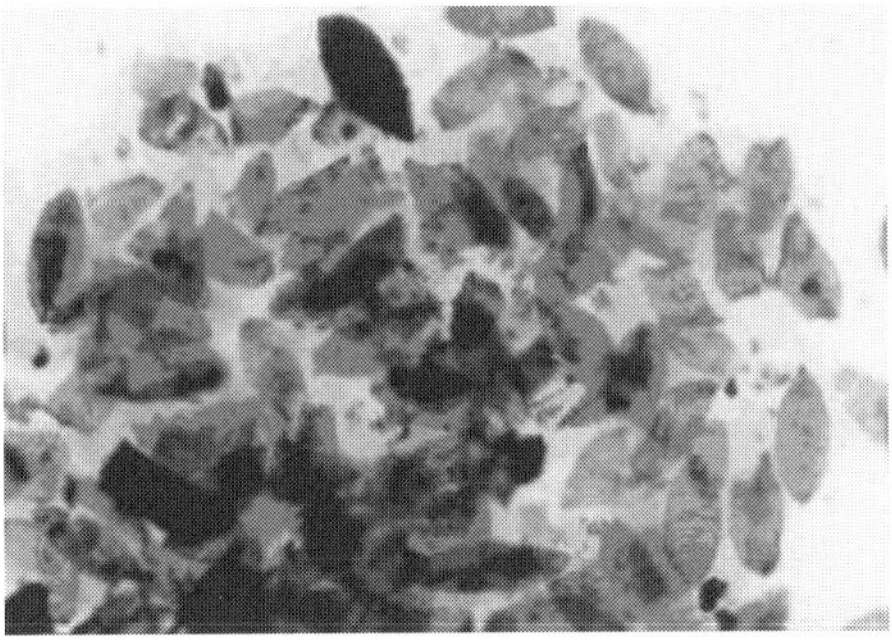

図17 出土したショウジョウバエのサナギ

なお、これらの種子といっしょにショウジョウバエ科のサナギがたくさん見つかっている（図17）。ショウジョウバエ科のハエは体長二〜四ミリ程度で日本には二〇〇種以上が生息しているとされている。遺伝の実験で有名なハエの仲間で、発酵したり腐敗した果実に好んで集まる習性がある。ショウジョウバエの語源も、酒の大好きな中国の想像上の動物である猩々《しょうじょう》に似て、酒樽にたかり酒に酔ったような赤い眼をしたハエに由来する。このサナギがニワトコの種子といっしょに多数出土したことは、棄てられた果実類が腐敗や発酵していたことを示しており、果実酒が造られていた可能性がやはり高い。また、ニワトコが密集して出土した付近からはハネカクシ科、エンマムシ科、オサムシ科などの食肉・食屍性の地表性歩行虫が検出され、ショウジョウバエの幼虫やサナギを捕食するために集まってきたものと森勇一（元金城学院大学）は指摘している。

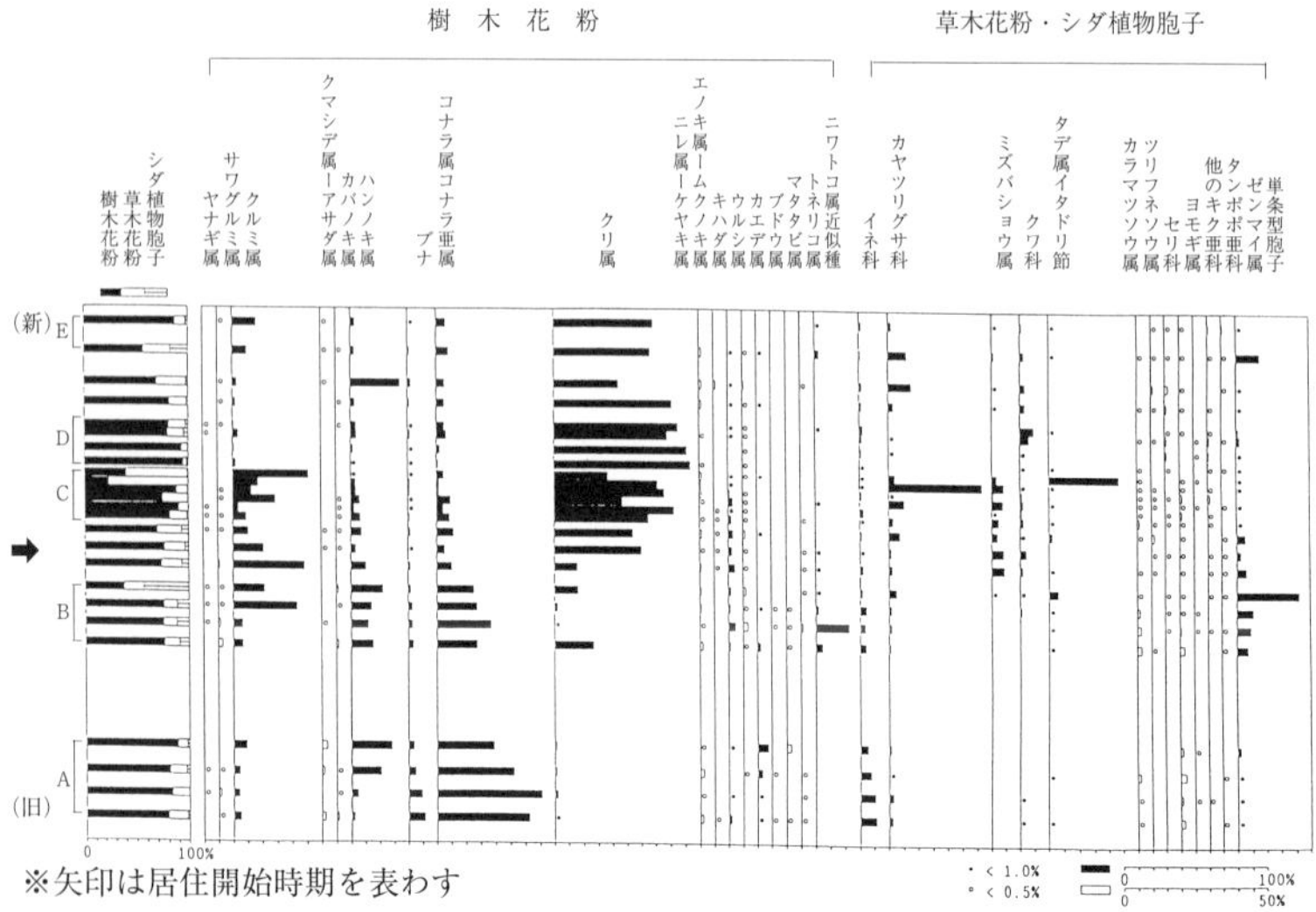

図18　花粉分析組成表

（一）縄文里山の成立

辻誠一郎は主に花粉分析から当時の植生の復元を試みた（図18）。集落の中やまわりの環境がどうであったのか、森がどのような木々によって構成され、その規模や移り変わりなどを詳細に推定しようとするものである。それによると三内丸山ムラに人が住む以前には、あたり一帯はブナやドングリ類などの落葉広葉樹林がほとんどであった。しかし、居住を開始する約五五〇〇年前（最新の年代測定結果によると約五九〇〇年前）になると、これらは衰退し、クリが優位となり、大半を占めるようになる。ブナやドングリ類も縄文人にとっては有用資源であったはずであるが、結果的にクリに置き換わっていた。出土した花粉化石の八〇%以上を占めることからクリ林が成立したものと考えられている。この傾向はムラが廃絶するまで基本的に大きな変化は見られない。ムラがなくなるとクリ林も衰退し、ふたたびブナ林に戻ったようである（図19）。

この樹木の交代は、人間により意図的、計画的に行われたものである。そして、長い間維持された。辻はこのようなクリ林など有用植物を中心とした森を縄文里山とよんでいる。そこには縄文人の生活に必要な食料や木材、動植物が生息しており、必要に応じて手に入れることができる。下草刈りや間伐、枝払いなども行われ、それらは燃料として消費されたようだ。しかし、このような里山を作り上げることはそれほど容易ではなかったはずだ。辻は青森市内の埋没林を研究し、このような縄文里山が三内丸山ムラ出現以前から成立していた可能性を示した。その際、十和田火山の噴火により、大量の火山灰が降下し、以前のブナやドングリ類の森が大きなダメージを受け、一端植生が白紙になった状態をうまく縄文人が利用したのではないかとの仮説をもっている。

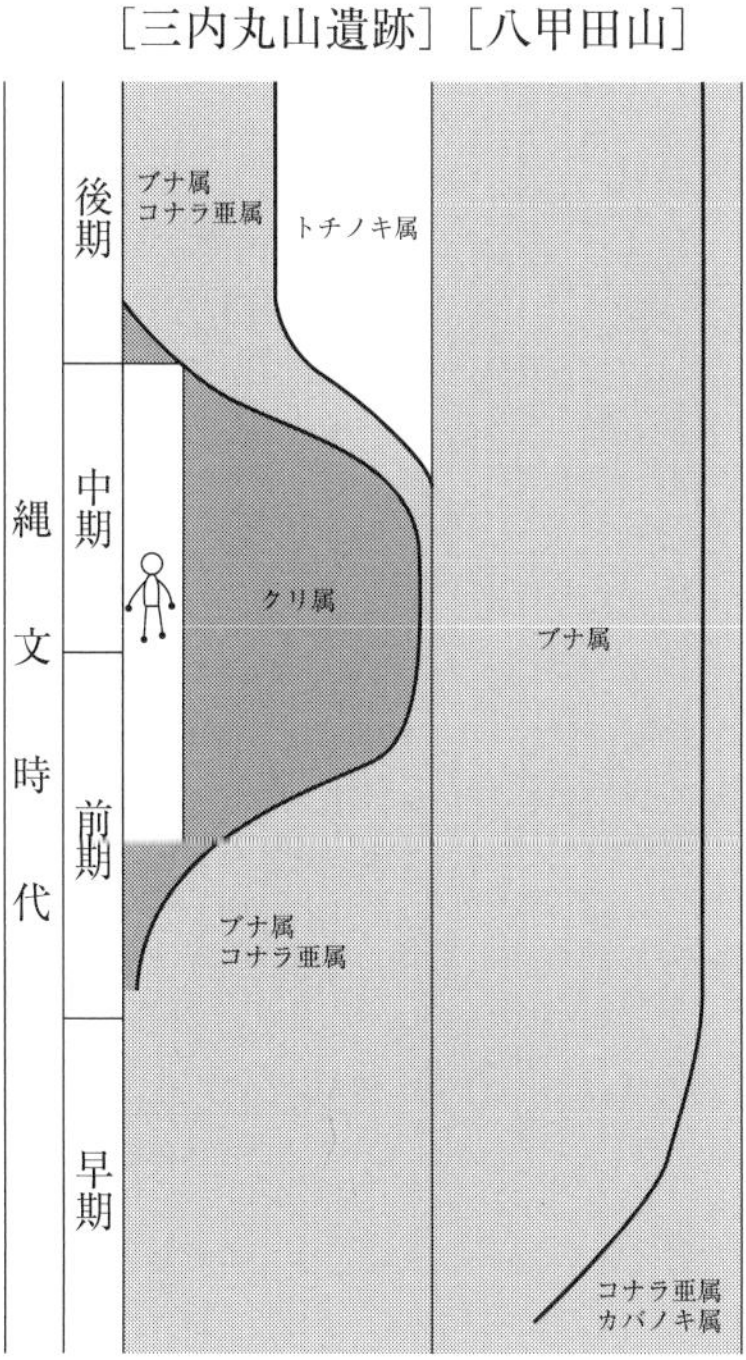

図19　植生の変遷模式図

（二）豊かな自然の恵み

動物や魚骨もまた当時の生活を雄弁に物語っている。西本豊弘（国立歴史民俗博物館名誉教授）によると、ほ乳類ではノウサ

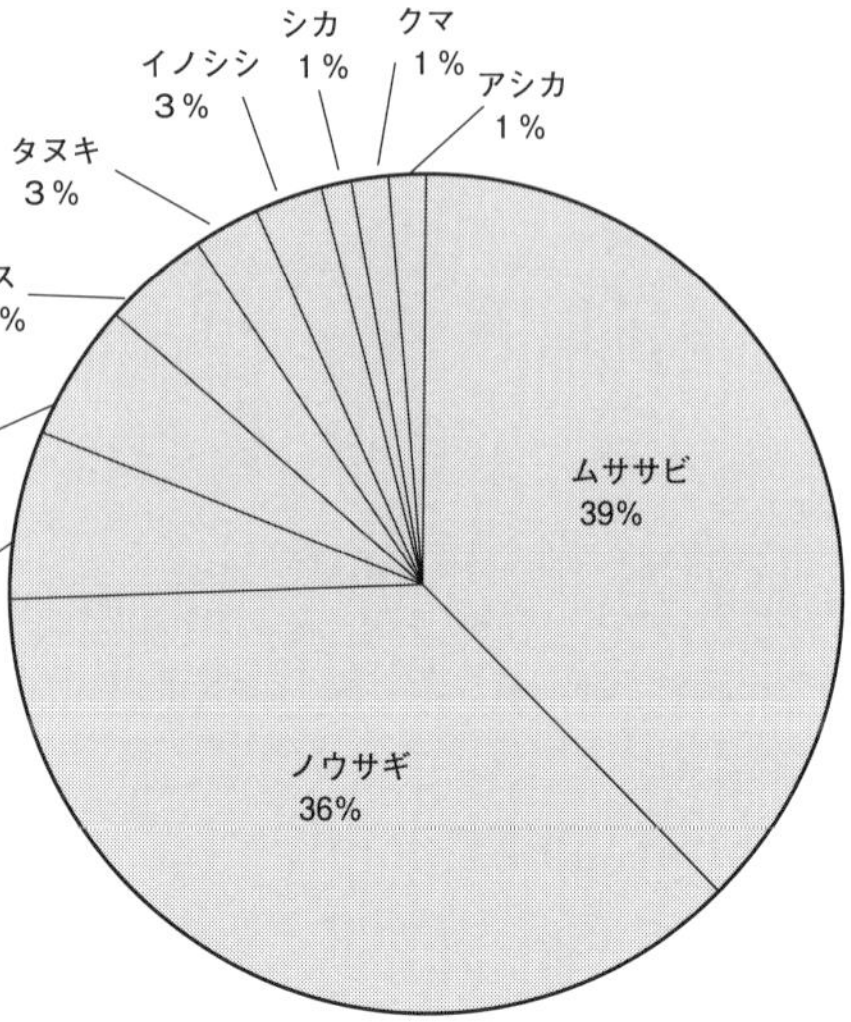

図20　出土動物遺体組成

ギ、ムササビ、リス、モグラ、ネズミ、キツネ、タヌキ、ツキノワグマ、イタチ、テン、カワウソ、イノシシ、シカ、オットセイ、アシカ、イルカ、クジラなどが確認されたという。なかでも多いのは、ノウサギとムササビで、出土した骨全体の八割ほどを占めている（図20）。

ふつう、貝塚などの縄文遺跡ではほぼ八割がシカとイノシシである。それにくらべて小動物が圧倒的に多いという特徴が三内丸山遺跡では見られた。三内丸山ムラが繁栄した縄文時代前～中期にかけてシカとイノシシがいなかったわけではない。ほぼ同時代の本県の太平洋側の遺跡からは体重が一〇〇キロを越すような、大型のイノシシの骨が出土しているにも関わらず、三内丸山遺跡では少量しか出土していない。

これは当時の気候と関係し、三内丸山ムラ周辺では冬、雪が降ったことが考えられると西本は指摘している。脚の短いイノシシは雪が積もる地域にはあまり生息していない。そのため現在でも、生息の北限が福島県あたりといわれている。三内丸山遺跡は位置的に日本海側の気候に属することから、縄文時代にも雪が積もり、イノシシの生息には適さなかった可能性がある。シカは積雪地帯でも生息可能だが、少ないのは割と早く獲り尽くしたかシカが生息しにくい森林環境の可能性が考えられている。

鳥ではワシ、ガン、カモ、アビ、ウなどが出土している。多いのはカモで、当時ムラ周辺には湿地が広がっていたことが推測できる。

少ないがクジラも出土している。クジラは捨てるところがないとされ、肉、脂肪、骨など縄文人には大きな恩恵をもたらしたことであろう。計画的に獲っていたというよりも湾内に迷い込んだり、浜に乗り上げたクジラを手に入れたようだ。オットセイ、アシカも魅力的な食料であるが、骨そのものの出土量が少ないことから、西本は渡島半島で獲られたこれらの肉が三内丸山ムラへ運ばれた、「食肉交換」の可能性も考えている。

三内丸山遺跡は陸奥湾に面した海辺のムラであることから、旬の海の幸は縄文人の食卓を賑わせたに違いなく、豊かな海であったことを示す資料が出土している。低湿地から出土した魚骨は大量で、これまでに約三万八〇〇〇点が同定され、種類が判別している。同定した樋泉岳二（早稲田大学）によると魚ではマグロ、マダイ、ヒラメ、ブリ、サバ、ニシン、カレイ、アナゴ、サケ、サヨリ、オニオコゼ、ホッケ、アイナメ、スズキ、シイラ、マアジ、カツオ、カワハギ、フグ、ボラ、タラ、カジカ、ホシザメなどがあり、現在でも食卓に並ぶことの多いものばかりである（図21）。マダイなどの暖流系の魚が多いことは、当時は現在よりも温暖であった可能性が高いことを示している。ニシンは寒流系で、現在陸奥湾内まで南下することはほとんどないとされているが、実際に遺跡からは出土している。故河合智康（元水産庁）は陸奥湾内に南下したのではなく、縄文時代

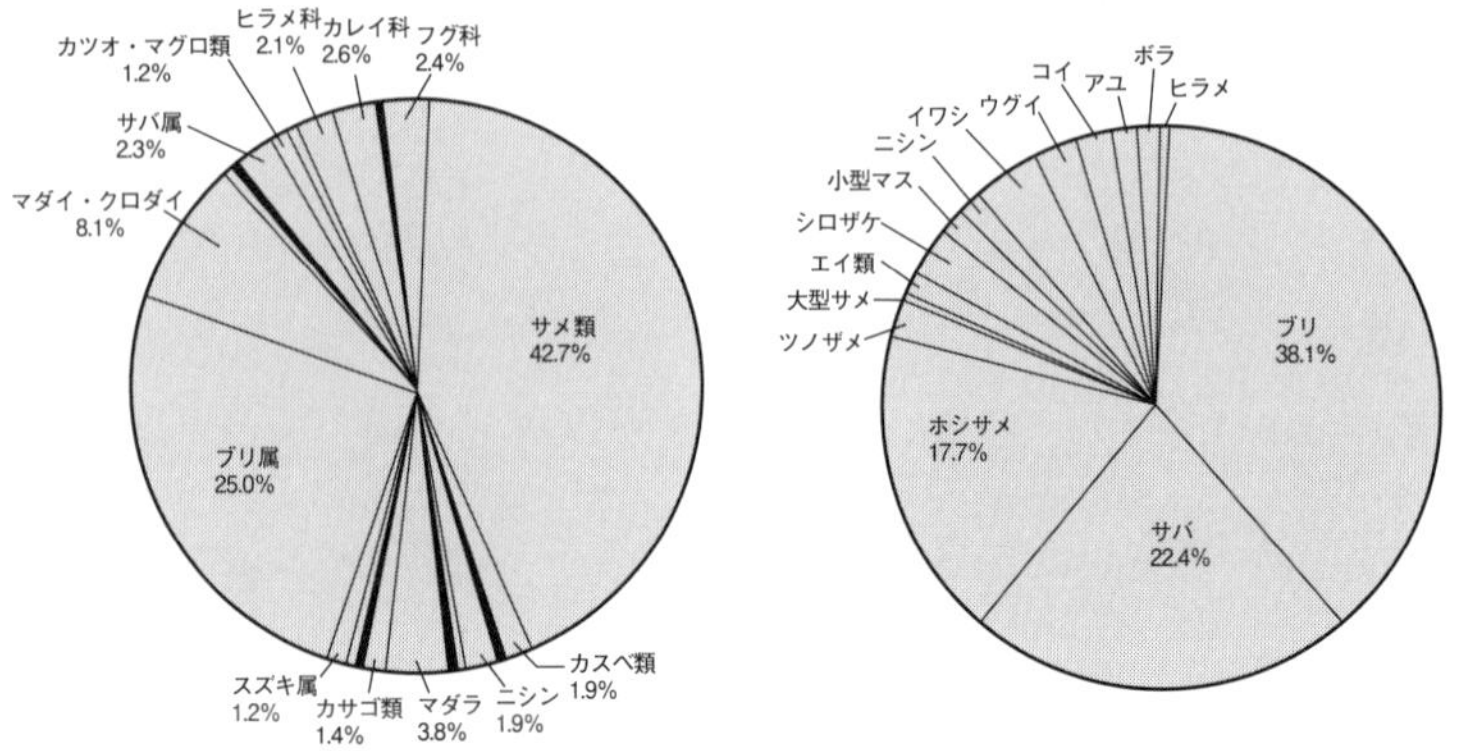

図21　出土魚骨の組成比較（左：三内丸山遺跡、右：大館市池内遺跡）

には陸奥湾内にローカル群が生息していた可能性を考えている。

さらに、樋泉は出土した魚種と陸奥湾での捕獲時期を比較検討した結果、通年で魚が捕獲されていたことを明らかにし、三内丸山ムラでの通年定住の可能性がきわめて高いことを指摘した（図22）。

最も多く出土したのはブリである。全出土点数の三四％を占める。体長二〇～三〇センチ位で、ハマチより小型で、これまで縄文遺跡では出土例が少なかったものである。河合はブリがこれほど多いことに驚き、現代の日本列島では特異現象以外には起こりえないことだとしている。ブリは陸奥湾内を回遊しても不思議はないが、群れをなして回遊するため、捕獲は困難とされている。それがまとまって出土していることは、大型の網を使った協業を想定する必要がある。また、生魚だと腐り

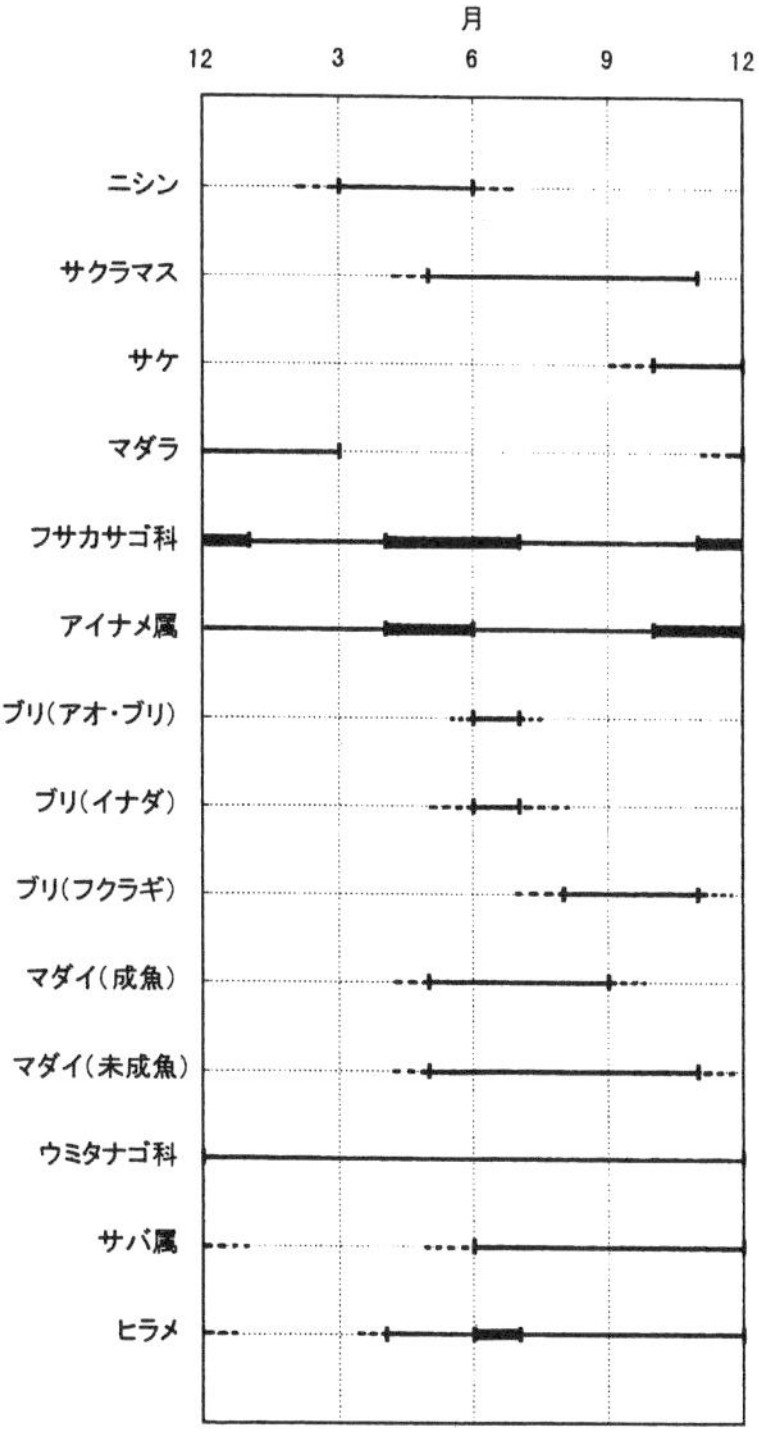

図22　陸奥湾内における魚の季節性

やすく加工技術がないと保存しにくいともされている。

魚に関して、日本列島では縄文時代以降現代に至るまで同じものが食べられており、これらの大部分は現在も陸奥湾ないしは津軽海峡で獲られているものである。しかし、シイラ、サワラ、カツオなど陸奥湾外で獲られたと思われる魚もあり、縄文人の操業範囲が広範囲にわたっていたことがわかる。縄文人が魚の生息環境をよく知り、地上と同じくらい海底の地形を熟知していたことを示している。

東北の秋の味覚を代表するものにサケがある。

縄文時代にはサケが大量に獲れ、それが東北地方の縄文文化を支えたとの説があるほどで、各地の遺跡からサケの骨が出土しているが、三内丸山遺跡では以外と少なく、出土した魚骨全体の一%にも満たない。

河合は三内丸山遺跡から出土したサケは北海道から持ち込まれた可能性があるとしている。西本は三内丸山遺跡の位置に注目し、東北の海は寒流と暖流が混合する地域であるが、縄文時代も同様で寒流の影響が強いときにはサケが、暖流の影響が強くなるとマダイが多く獲れたことが考えられ、結局どちらになっても魚には恵まれ、縄文人には都合がよかったのではないかと考えている。

マダイやヒラメは頭から尻尾まで、出土する骨の個体数に大きな違いはないが、ブリとサバは頭の骨が脊椎骨より断然少ない特徴が見られたことを樋泉は指摘した。これは頭がムラの中に持ち込まれなかったことを意味している。ブリやサバは腐りやすく、捕獲してただちに頭が落とされ、処理したものと考えられた。あるいは他のムラで頭を取り、二枚に開いて干魚に加工されたものが持ち込まれたことも十分に推測できる。

このような特徴は三内丸山遺跡とほぼ同時代の秋田県大館市池内遺跡でも確認されている。日本海沿岸から直線にして約五〇キロ以上も内陸へ入った遺跡であるが、ブリ、サバ、ニシン、ホシザメ、ヒラメなどが出土した。また、二〇キロ以上も内陸へ入った遺跡からも同様の魚の出土例が知られている。生魚で運ばれたことは考えにくく、干魚や薫製など加工されたものが運ばれたと考えるのが自然である。さらに内陸部の人びとが直接海岸まで出かけていって手に入れたとも考えられず、いくつかのムラを経由して運ばれた、食料供給システム、物資の交換システムが成立していた可能性が高い。

最近、タコやイカの口器（カラストンビなどとよばれる場合がある）が出土し、縄文人がタコやイカも食べていたことがわかった（図23）。タコは大型の上顎の一部が検出されている。また、甲殻類のシャコの殻《から》も発見された。他にカニの爪、ウニの棘なども出土していることから、今で言うところの高級品が好んで食べられており、縄文人は以外とグルメであったらしい。

　たまに脊椎骨（背骨）がつながったまま出土する場合がある（図24）。一メートル近くもある大型のマダイや七〇～八〇センチのヒラメなどに多い。背骨はばらばらになりやすいが、それがつながった状態で見つかるということは、捨てられるときもそうであったと考えられ、それは身が骨に付いた状態、つまり三枚におろされた可能性があることを示している。

　さらにウロコも見つかっている。マダイのウロコは特に丈夫で五〇〇円玉大のものがまとまって捨てられていた。種類にもよるが、魚はウロコを落とし、三枚におろされたらしい。骨は焼けた形跡がなく、焼き魚の可能性は少ない。煮る、蒸すなどが一般的な調理方法だったのかもしれない。

　これらの魚を獲るための道具が出土している。鹿角製の釣り針、銛先などである（図25）。釣り針は二～五センチ前後のもので、先端に

図23　イカ・タコの口器

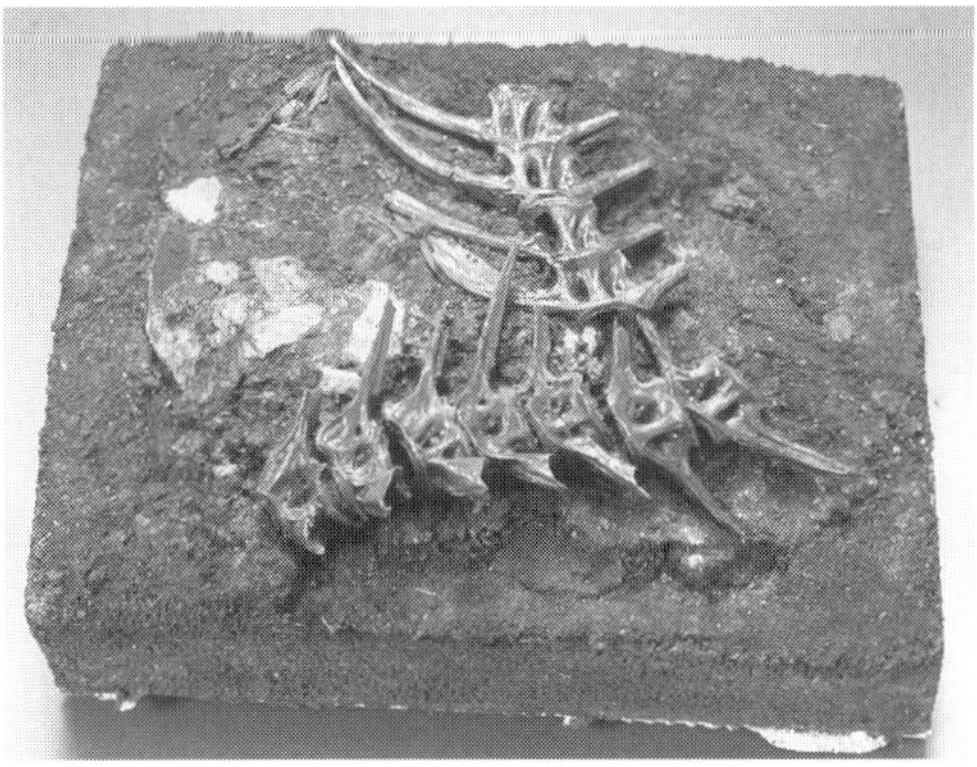

図24　つながった椎骨（マダイ）

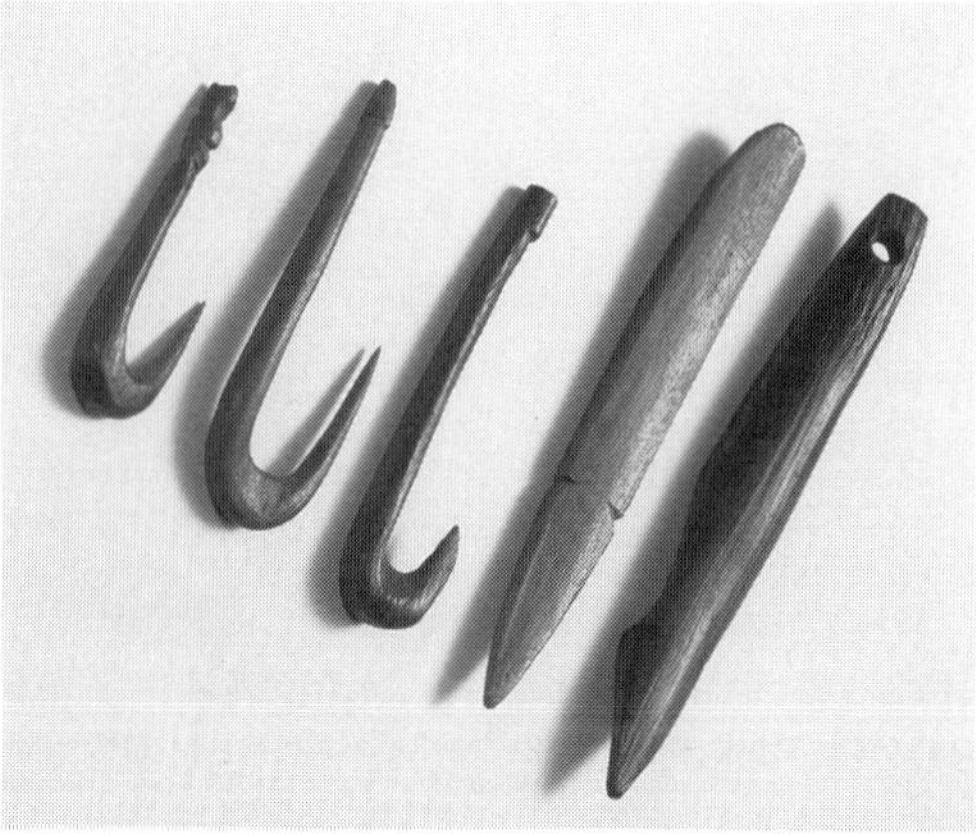

図25　出土した釣り針と銛先

返しのないタイプである。軸の先端には糸掛け用の刻みがある。針の大きさと釣れる魚の種類は関係があるとされるが、今のところ対応する魚まではよくわかっていない。また、針と軸を別々に作り、それを組み合わせて使用する結合式釣り針も出土している。素材の大きさに左右されることなく、大きな釣り針を作ることや破損した部分の交換が可能で、比較的大きな獲物を対象にしたと考えられている。

銛先は五センチほどで、離頭銛である。離頭銛は獲物に刺さった後、柄からはずれ、糸が結ばれた銛先だけが体内に残るもので、獲物が弱るとたぐり寄せる漁法である。他の遺跡では実際に銛先が刺さった状態の魚骨などが見つかっている。イワシなど小型の魚骨も出土していることから網漁は当然あったと考えられるが、網がわざわざ高台のムラまで運ばれることがなかったと考えられるため、網そのものは見つかっていない。釣る、突く、すくうなどの漁法で、陸奥湾を自由に往来し、時には外海まで出かけ、漁を行っていた姿が浮かんでくる。

2　祭　祀

(一) 盛　土

盛土は縄文人が意図的に土を盛り上げたもので、地形的には周辺より少し高いマウンド状となっている。現在のところ、北、南、西の三カ所の盛土が確認されている（図26）。北盛土は北の谷の西側に形成され、居住域と小児の墓である埋設土器群の分布域と隣接する。全体の形状は南側がやや広がる台形に近く、東側は北の谷の東側に形成された墓域側へ向かって張り出す。現存する規模は東西約六〇メートル×南北九〇メートル、厚さは最大一・八メートルである。南盛土は南の谷の北側、南斜面に形成され、形状は北側がやや広がる台形状となっている。現存する規模は東西七〇メートル×七〇メートル、厚さは二・一メートルである。西盛土はムラの西側の中位段丘から低位段丘にかけて形成されている。規模は現在も確認中であり、遺跡内で最大規模であることは間違いなく、南北では一〇〇メートル以上となっている。

このなかで、北盛土についてはすべてではないものの平面的な発掘調査を、南盛土と西盛土については内容を確認するためのトレンチ調査で主に断面観察を行った。その結果、北盛土と南盛土についてはきわめて類似しているものの、西盛土については他の盛土とは違う特徴があることが明らかとなっている。

北・南盛土ともに土砂の人為的な廃棄によって形成され、土砂以外にも炭化物、ローム、焼土なども堆積している。炭化物についてはそれのみが堆積する層が確認されている。焼土層には炭化したクルミや動物骨が含まれている。厚さ一〇センチ未満の層が累積していることが確認され、数十から

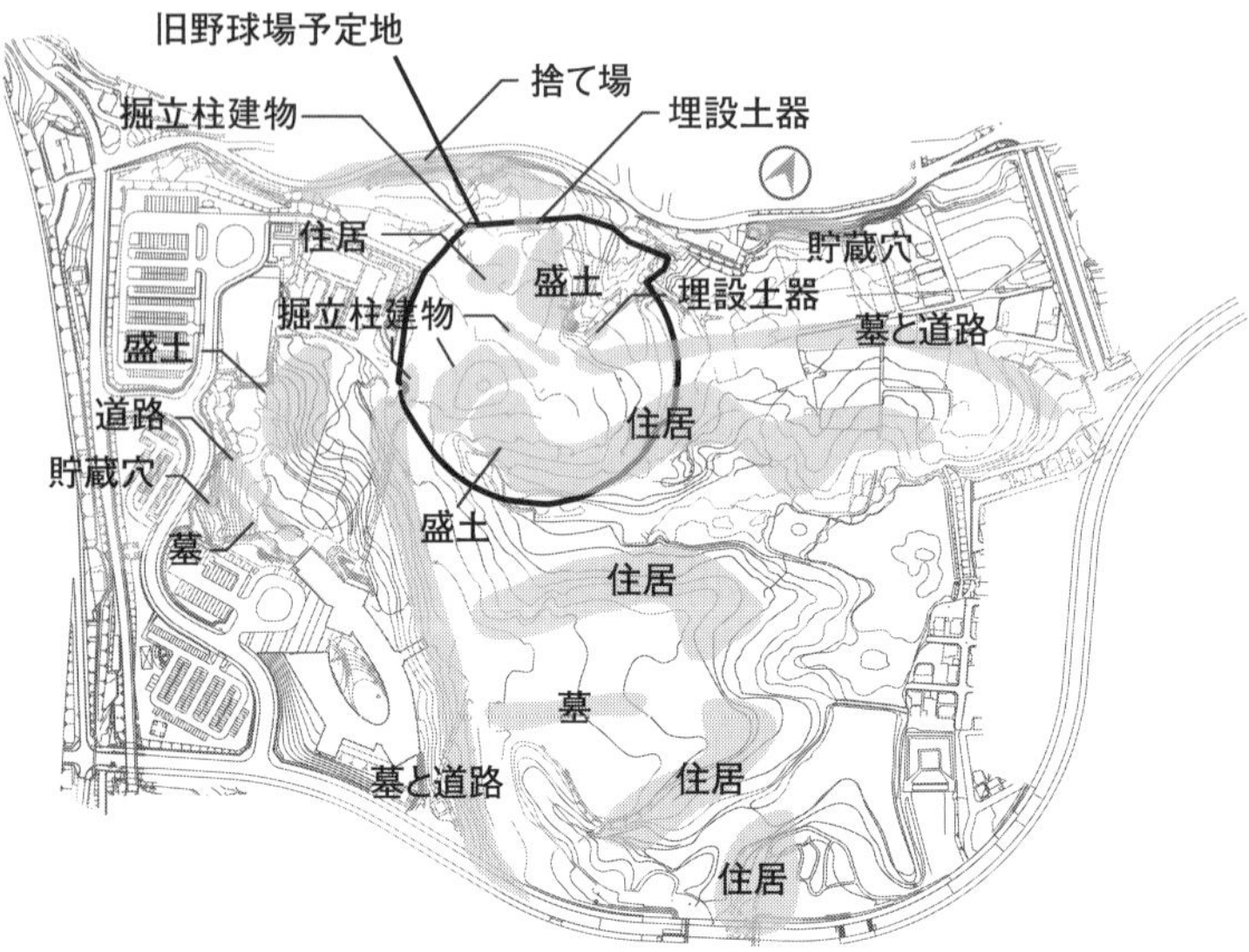

図26　盛土の位置

数百層に分層できる。この整然とした堆積層により土器の型式変遷の詳細な把握と堆積層内から採取した資料による放射性炭素高精度年代測定結果から詳しい暦年代が把握できるようになり、盛土の形成過程が時系列で理解することができるようになった。また、基本的には水平に堆積しており、つねに整地されていた可能性が高い（図27）。盛土内には同時期の住居や屋外炉などの施設は構築されていない。

出土遺物では大量の土器や石器が出土するが、復元可能な個体も少なくなく、平面的には廃棄単位を確認できる箇所も見られることから、長期にわたる廃棄の連続により形成されたものである。他に土偶や装身具類などの土・石製品、小型土器、ヒスイ製大珠などが出土している。特に土偶は出土数の約八割が盛土から出土している。また、石鏃が数十点ほどまとまって出土した地点がある。

　これらの出土状況も南盛土では特徴が見られ、同種の遺物が層を変えても平面的には同じ地点から出土する傾向があり、これは「場」としての空間をつねに意識していたことを示しているものと考えられる。

図27　水平に堆積した盛土の状況

　北・南盛土の形成はムラの消長と連動しており、中期に入って本格的に形成が始まり、ムラの終焉直前までは確実に形成されている。土器型式では円筒上層a式～最花式（大木九式併行）までの間と考えられる。ちょうどムラが拡大し、土地利用が明確になり、大型掘立柱建物などの構築とともに盛土の形成が始まる。一方では前期に見られた斜面や低地に形成された捨て場（廃棄ブロック）などは見られなくなり、前期から中期にかけて廃棄行為そのものが大きく変化しているものとも考えられる。事実北盛土の下層には前期の捨て場が確認されている。また、南盛土の下層からはムラの出現期近くのものと考えられる前期の土坑墓が確認されており、この場所が特別な空間であったこともうかがえる。

　出土遺物には土偶や小型土器など祭祀的な遺物が多いことから、祭祀に関係する空間と考えられるが、盛土内で実際に祭祀行為が行われたかどうかについては現在のところ確認できない。しかし、出土状態はこれらの道具類が意図的に廃棄、埋められたことを示しており、ムラ内の他の地点では盛土のような遺構や祭祀遺物がまとまって出土する状況は見られないことから、やはりここで何らかの祭祀行為が行われ、使用された道具類が廃棄された場所と考えるのが自然である。岡村道雄や小林克は北海道や東北地方の盛土を検討し、アイヌ民族の「送り」と同様の行為があったものと考えているが、そのような行為の痕跡が確認されている遺跡は少ない。辻誠一郎は盛土はつねに堆積と浸食や削平など、土壌の攪乱が期待できることから、野生のイヌビエなどの草本類を中心とした畑的な利用の可能性を指摘している。

　しかし、前期の捨て場は低湿地ということもあり、食物残渣などの有機質遺物が残存していたが、盛土は台地上に形成されていることから有機質遺物が残りにくいことが考えられ、捨て場と盛土内の内容物の相違があるのかどうか、検討する必要がある。中期には他の地点には捨て場がないことから、生活廃棄物も盛土内に廃棄された可能性が高い。前期の捨て場に、中期に入り急増する土偶などの祭祀遺物が加わったとも考えることもできるが、土砂の廃棄をともなうという大きな違いもある。

　西盛土内には小児の墓と考えられる埋設土器が多数密集しており、同じ土砂を盛っていながらも他の盛土とは違う特徴がある。北盛土にも北側では埋設土器が見られるが、これは盛土の拡大によって結果的に子どもの墓域と重複したことによる。また、南盛土内にも埋設土器が見られるがきわめて数が少ない。これにくらべて西盛土ではわずか数平方メートルのところに十数個体の埋設土器が集

図28　西盛土内の埋設土器

中しており、子どもの墓域として把握できるものである（図28）。土砂の堆積状態にも違いが見られ、中位段丘の平坦部の斜面側の盛土や盛土の末端では整地の他に土砂が転落した状況も観察されている。これは土砂の移動に伴うものと理解でき、土木作業の所産である。西盛土は北・南盛土と共通する特徴と土地造成のふたつの要素が見られると言ってよい。

　盛土を形成する土砂の起源については、ムラの竪穴住居や大型の柱穴構築の際の残土や廃土と考えられるが、土量計算ではそれらだけではまかないきれないことは確実であり、施設を掘った土以上のものが盛土に使われている可能性が高く、大幅な地形改変によることが考えられる。たとえば谷（沢）を広げる、掘削する、斜面を平坦にするなど、大規模な土木作業にともなうものであり、ムラ全体の協同作業によるものと考えられる。台地の北側斜面には少なくとも四《メートル》以上の土砂が盛土され、平坦面を拡張し、そこへ竪穴住居が新たに構築されていることも確認されている。しかし、この造成による土砂の盛土からは土偶や小型土器などの祭祀遺物の出土は少ない。

　土砂を盛土する行為そのものはムラの中では各

所に見られる。定住の成熟とともに生活の利便性を求めるなど、土地に対してさまざまな働きかけを行う。その中で、台地上に形成された盛土は出土する遺物に際立った特徴が見られ、ムラの中でも重要な場や空間として理解する必要がある。

(二) 土　偶

土偶は粘土で造られた人形で、縄文文化を代表する遺物のひとつである。特に縄文時代中期以降には、各地で地域性豊かな独特の形状の土偶がたくさん見られるようになる。

これまでに全国で出土した土偶は一万二〇〇〇点を超えるが、特に東北地方に多く分布しており、三内丸山遺跡が最も繁栄した縄文時代中期の土偶は約五〇〇〇点ほどとされている。三内丸山遺跡は以前から土偶が多く出土する場所として知られ、「土偶の里」とよぶ研究者もいるほどである。実際に三内丸山遺跡出土とされる土偶が国立歴史民俗博物館など各地の博物館に収蔵されている。

これまでの発掘調査で出土した土偶はすでに二〇〇〇点を超え、日本最多の出土量を誇っている(図29)。三内丸山遺跡の発掘調査以前では、同時代のものが青森県全体で一五〇点ほどであり(これらの約六割が三内丸山遺跡や周辺から採集されているという)、いかに一遺跡として突出した量であるのかがわかる。発掘調査は現在も継続しており、今後も多くの土偶の出土が予想される。

出土した土偶は十字形で、扁平な薄い板状をしていることから「十字形土偶」あるいは「板状《ばんじょう》土偶」とよばれる。これは円筒土器文化圏に共通する特徴である。十字形をしているのは両腕を真横に広げているためで、細かい手や肘の表現は見られない。足も同様で、両足の表現はないが、数

図29　大量に出土したさまざまな土偶

は少ないものの二本の脚が付く場合もある。顔は一段高く作られ、眉や鼻は細い粘土紐を貼り付け、T字形やY字形に表現したものが多い。目や口は穴やくぼみで表される。口が細い穴となって、体の中を貫いているものがあり、口を開けているようにも見える。

頭部には髪を結った状態を立体的に表現したものがある。小さな穴が二ないし四個あいているものがあり、紐をとおし、ぶら下げた可能性がある。頬や目のまわりに縄を押しつけた模様が付けられ、一見入れ墨のようにも見える。胴部には明らかに乳房が見られるものがほとんどで、なかには模様で女性器を表したものもあり、土偶は女性を表現していることは間違いない。逆に男性を表現したと思われるものは一体も出土していない。

へそも立体的に表現される特徴がある。当時のへその緒の切り方なのか、それとも違う理由なのか

図30　土偶の大きさ比べ

はわからない。

　土偶の大きさは、全体の大きさがわかるものでは、最小約四チセン、最大約三三チセンであり、幅がある。分布を見ると（図30）、一五チセン以上、八チセン以下、そしてその中間とおおまかに大・中・小の三つに分類できる。大型のものは完形は少なく、小型になるほど完形品が多い特徴がある。小さな土偶ほど顔や体の文様が簡素化・省略化されるものが多い。小さい土偶に小さい顔をつけるのは困難なので当然なのかもしれない。一方、大型品には精巧な作りのものが多く見られる。大きさの違いは用途や目的の違いが想定でき、たとえば、まつりや祈り・儀式といった場面の規模の違いがあり、小さな土偶は個人や家族単位、大きいものはムラやさらに大きな地域集団に対応し、大きくていねいに作られた土偶は、そうした使われ方に相応しいものといえる。

　また、円筒土器文化圏の中心域に近いほど大型品が多く、遠方に行くほど小型になる傾向があり、津軽海峡を越えた北海道では、小型品が多く出土している。

　土偶は完形のものは全体の約三％と少なく、四〜五チセン程度の小さな破片で出土する場合が大半である。これは意図的に壊され、棄てられたことを示している。ごく希に破片同士が接合する場合が

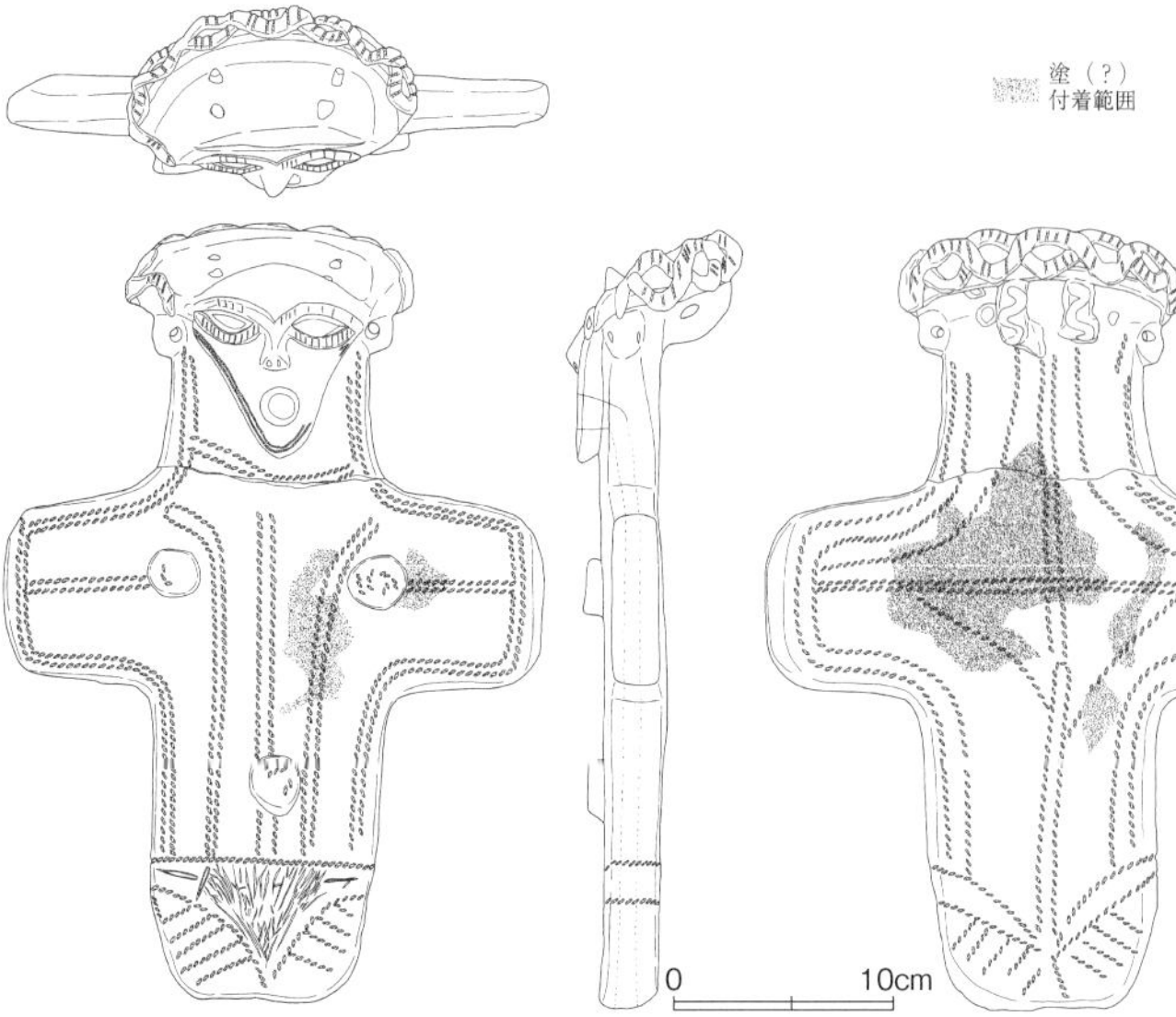

図31　接合した大型板状土偶

ある。一九九三（平成五）年、北盛土の谷近くから大型板状土偶の首から上の部分の頭部が出土した。翌年、そこから約九〇メートル離れた竪穴住居からやはり大型板状土偶の胴体部分が見つかり、この二つはみごとに接合した（図31）。全長約三二センチと大型で、十字形土偶としては日本最大である。所々には漆（？）を塗ったと思われる光沢がある。首のところの割れ口を見ると、故意にたたき割ったと思われる痕跡があり、壊され、離れた別々の場所に埋められたことを示している。接合したもので最も離れていたものは約一三五メートルであった。しかし、すべての破片が接合することはなく、ばらまかれたのかもしれない。最終的に目的が達成され、役目を終えると細かく分割され、そして盛土に埋められたことが考えられる。

　円筒土器文化の土偶を研究している小笠原雅行（三内丸山遺跡センター）は三内丸山遺跡から

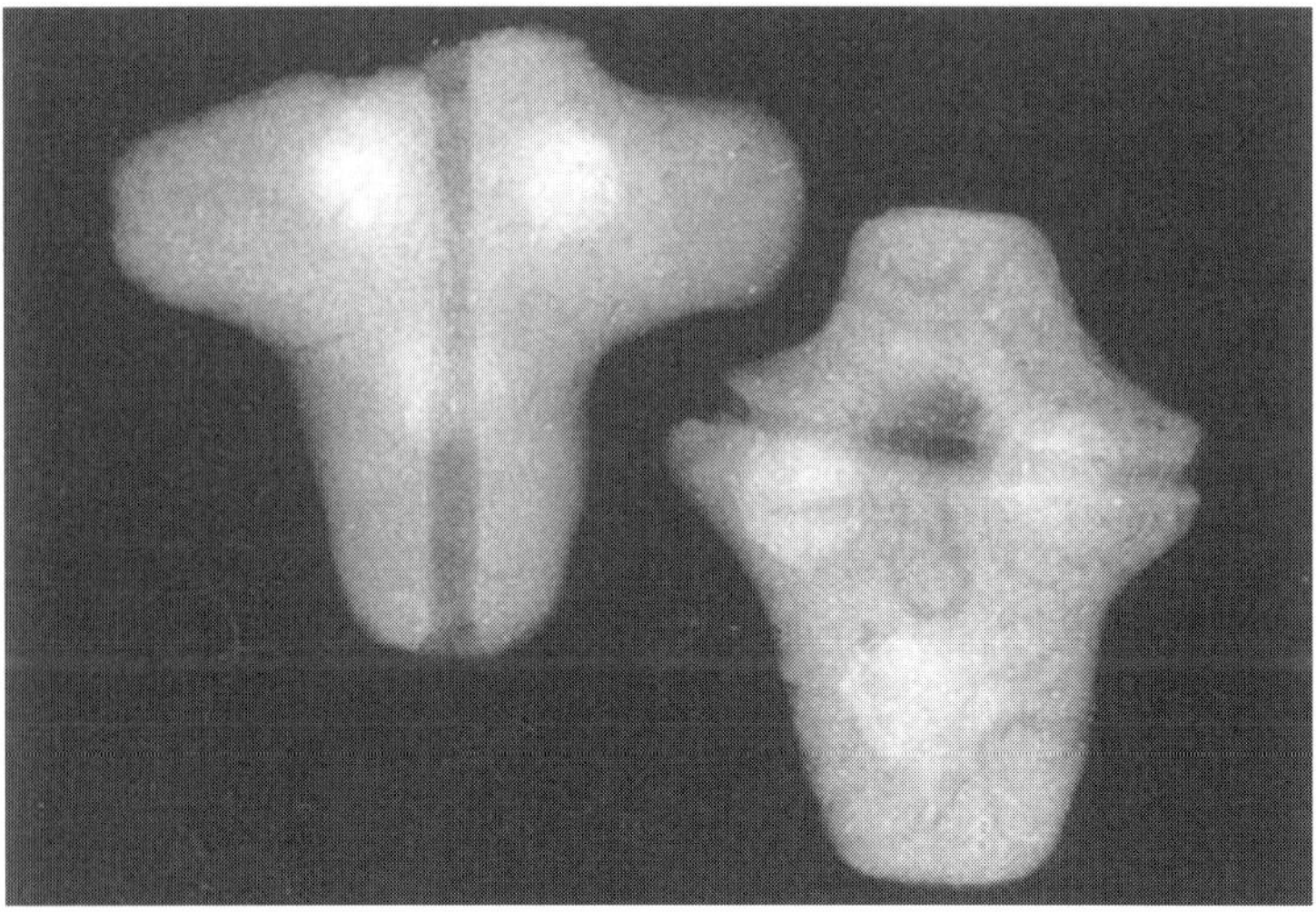

図32　土偶のX線写真

出土した土偶のX線写真を撮り、製作技法の解明を試みている（図32）。それによると基本的には頭から胴体まで一体のものとして作り、後で腕が接着される場合が多く、その場合もていねいになでつけられ、接着の痕跡が表面ではわからないものが大半であるという。なかには芯の粘土に少しずつ粘土を足しながら腕を作ったものも観察された。破損の状況を見ると、必ずしも後で接着した部分で壊れているとは限らず、壊すことを目的と

図33　アスファルトが付着した土偶

して最初から作られたとする確実な証拠はないようである。

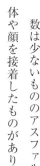

数は少ないもののアスファルトで折れた首と胴体や顔を接着したものがあり（図33）、壊すだけではなく、場合によっては補修や復元する必要もあった。

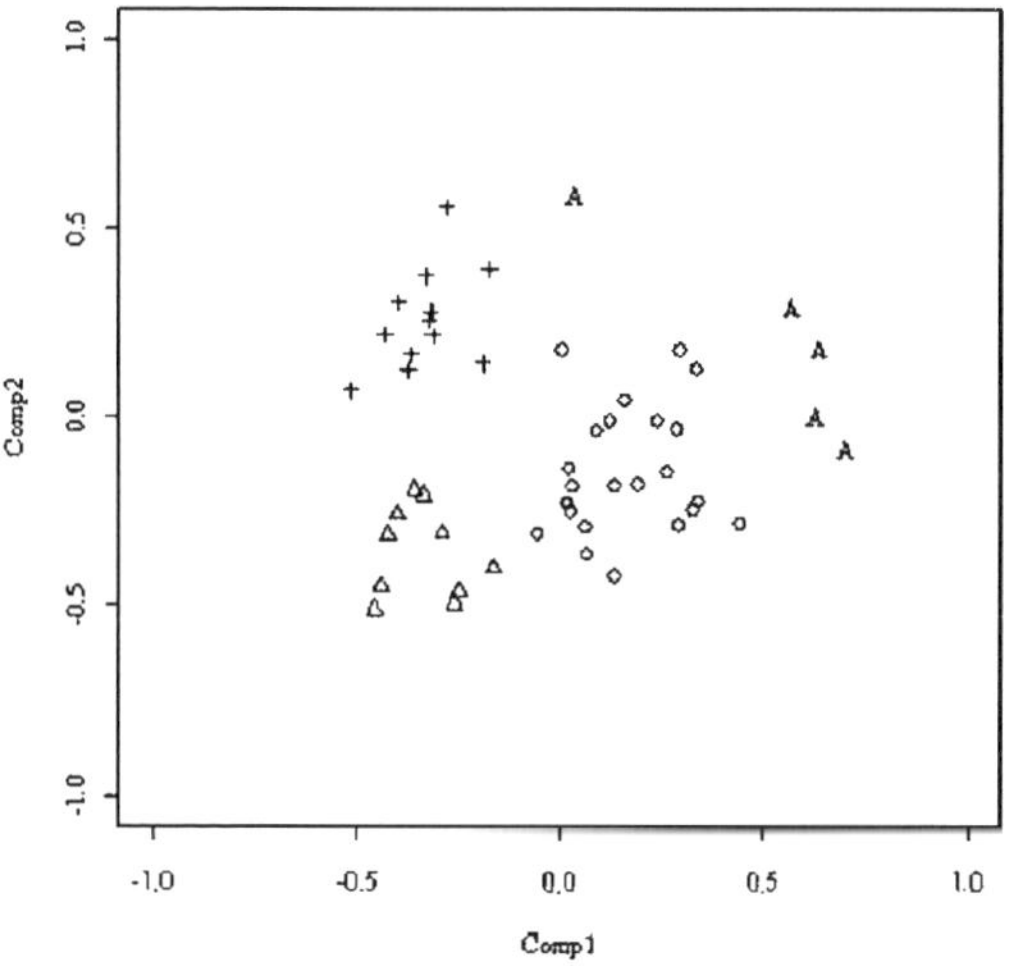

図34　三内丸山遺跡出土土偶の胎土分析図（4つのグループに分かれ、それぞれが別の地域で作られたことを示す）

土偶の土（胎土）の自然科学的な分析も進められている。胎土の鉱物組成の特徴から、その生産地等を特定するもので、羽生淳子（カリフォルニア大学）によると分析した三内丸山遺跡から出土した土偶の約八割は三内丸山遺跡またはその周辺の土で作られているが、残りは他地域で作られ、持ち込まれたものという（図34）。他のムラで作られた土偶が最後は三内丸山ムラでその役目を終えたことになる。動機や理由は不明であるが、縄文人が土偶を持ち運んでいた可能性が高い。時代は新しくなるが、晩期の青森県の太平洋岸で作られた土偶が日本海側の亀ヶ岡遺跡へ運ばれていたことがすでに知られている。

これだけたくさん出土する土偶でも、形、大きさ、模様など同じものはまったくなく、ひとつひ

図35　出土した岩偶

とつがすべて違う。それこそ強い動機をもち、祈りや願いを強く込めて製作したことが考えられる。

土偶は縄文時代全般を通じて作られるが、土器と同じように時代や地域によって特徴がある。三内丸山遺跡が属する円筒土器文化圏でも土偶が作られるが、前期の土偶は非常に少ない。円筒土器文化研究の第一人者である村越潔先生（弘前大学名誉教授）は、円筒土器文化は本来土偶をもたない文化であった可能性を示唆している。実際に円筒土器文化の本場である青森県でもその数は一〇点に満たない。

前期の土偶はやはり薄い板状で、「十字形」というよりも逆三角形や菱形に近い形状で、まったく模様がないか細い線描きの模様が付けられる。手は短く、脚は表現されない。頭や顔もはっきりとせず、目または眉が細い線で弧状に描かれるものがある。前期にはむしろ石製の「岩偶《がんぐう》」が多く作られた。岩偶も数が少ない遺物であるが、三内丸山遺跡では一〇点以上も出土しており、一遺跡としては突出した出土量である（図35）。凝灰岩や泥岩など、軟質の加工しやすい石材が利用されている。形状は菱形に近いものが多く、頭や腕、脚を丸い出っ張りや線で表現したものがある。顔は原則として表現されない。胸の中央に丸いくぼ

図36　大型の岩偶（熊沢遺跡）

みがあるものが多い。多少丸みを帯びた立体的なものや薄い板状のものがある。大きさも五㌢前後の小型のものから三〇㌢近くの大型品まであり、まちまちである。特に大型の岩偶は津軽地方の遺跡から多く出土する傾向がある（図36）。多くが破片で出土する点は土偶と同じである。

岩偶は前期中頃から中期初頭にかけて見られ、日本海側から多く出土している。土偶にくらべると完形品が多く、分布圏にも違いが見られることから、同じヒトを表した土偶と目的や用途に違いがあるものと現在のところ考えられている。しかし、形状や模様には類似したものがあり、まったく無関係ということでもないらしい。

土偶は中期になると数も多くなり、大型の土偶も増加する。板状は変わらないものの全体に「十字形」に近いものが多くなる。模様も線描きの他に縄を押しつけた模様が多くなり、また、細い粘

土紐を貼り付けた立体的な表現も目立つようになる。顔の表現や全体的な装飾もまた豊かになる。なかには脚を具体的に表現したものも現れ、二足の大型の脚をもつものは十分に自立することが可能であったと思われる。

　模様は基本的には土器と同じで、その変遷は土器と土偶は同じように推移する。しかし、土器の表面に小型の土偶を貼り付けたものが出土しており、それには一段階古い土器の模様が付けられていた（図37）。これは土偶のような祭祀的な遺物の変化は土器とは必ずしも連動しない場合があることを示している。

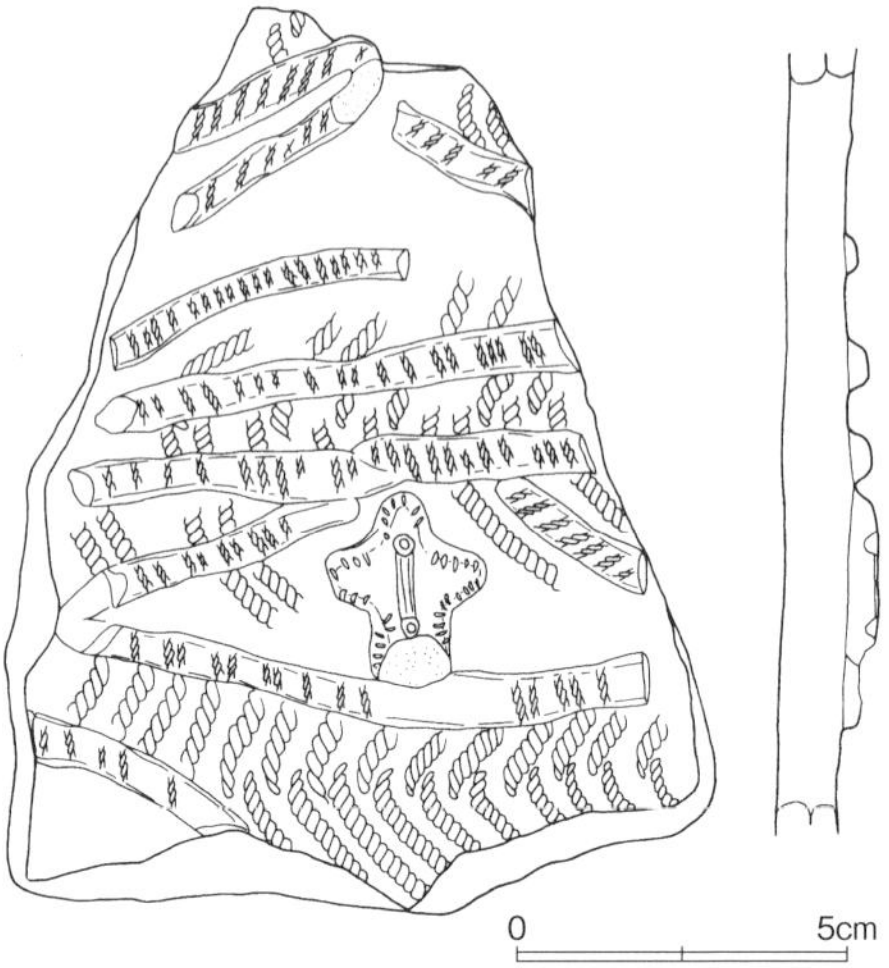

図37　土偶付き土器

　後半に入ると数も減少し、大型の土偶が作られなくなる。やがて東北南部を中心に分布する大木《だいぎ》式《しき》土器文化が北上し、円筒土器文化に影響を与え始める。それとともに土偶は激減し、形状や模様にも変化が見られるようになる。線描きの渦巻きや棒を突き刺した模様が増え、模様そのものも稚拙なものが多くなり、円筒土器文化特有の土偶は姿を消してしまう。

　土偶が何のために作られ、使われたのか、その用途や機能については多くの説がある。玩具《おもちゃ》説、護符（お守り）説、装飾品説、呪物説、神像説などさまざまである。一時は壊れた状態で見つかる土偶があまりにも多いことから、病気やけがの部分と同じ箇所を壊すことによって、苦痛を取り除く身代わり説も有力であった。

遺跡での出土状況を見ると、まつりや祭祀に関係したものである可能性は高く、漆や赤色顔料を塗ったものがあることから、日常の生活用品、実用品ではなく、特別な場合に使われるものであることは明らかであろう。三内丸山遺跡では盛土から、装身具、小型土器などとともに見つかる場合が大半であり、ムラ全体で行われる、共同のまつりや儀式に使われるもので、個人的なものとは考えにくい。

写実的なもの以外に抽象的な表現のものも多数あるが、すべてが女性を表したものである。なかには妊娠した状態を示す、お腹の膨れたものもある。それらを見ると子孫の繁栄、豊饒などを祈念や感謝する際に使われたとする説は魅力的である。広く母性を象徴するもので、地母神信仰と関係する、もしくはグランドマザーを具象化したものなのかもしれない。

役目を終えた土偶は細かく壊され、盛土に埋められた。数千年後、ふたたび掘り出された土偶は、当時の姿や形を復元することはできても、その使い方や機能、目的まで再現することは非常に困難である。

3　死と再生

円筒土器文化圏では子ども（小児）と大人（成人）では埋葬方法に違いがある。子どもは土器を転用した埋設土器（埋甕）に、大人は地面を掘削して造られる土坑墓に埋葬される。さらに、埋葬場所が異なることも明らかとなっている。ただ、子どもと大人をどの年齢で区別するのかという基本的な問題は残されている。

（一）子どもの墓（小児）

子どもは居住域の比較的住居に近接したところに埋葬されている。ムラ北側の台地の縁近くには特に密集する。これはこの地域が長期間にわたって子どもの墓地として利用されていたことによる。なお、北の谷の東側にも埋設土器が少数分布している。最近の調査では西盛土にも多数の埋設土器が存在することが確認された。これまでの調査で八〇〇基を越える埋設土器が確認されている。

ムラの出現当初である前期中頃から見られ、前期末頃から増加し、中期に入ると急増する。そして中期後半以降の大木式系土器の増加、つまり円筒土器文化の終わりとともに急減する。この状況はムラの変遷と基本的に一致する。人口が多いときには墓は多く作られ、少ないときには墓もまた少ないと言える。

埋葬に使用される土器は日常の煮沸等に使われる土器を転用、再利用したものである。埋葬専用の土器は見られない。完形のものは少なく、大半は口縁部や底部のどちらか、あるいは両方ともに欠失したものであり、意図的に打ち欠いたものと考えられる。なかには底部に小穴を穿孔したものや側面に円形に穴を開けたものがある（図38）。これは土器の本来の用途である容器としての役目をなくし、煮炊きや貯蔵の道具から埋葬の道具へと、変化させるための処置とも理解できる。あるいは肉体の分解・土壌化を促進させ、早期の再生を願うことによるとの説もある。

土器は、器高、口径とも三〇～四〇センチ程度のものが多く使われ、大きさから考えると子どもと

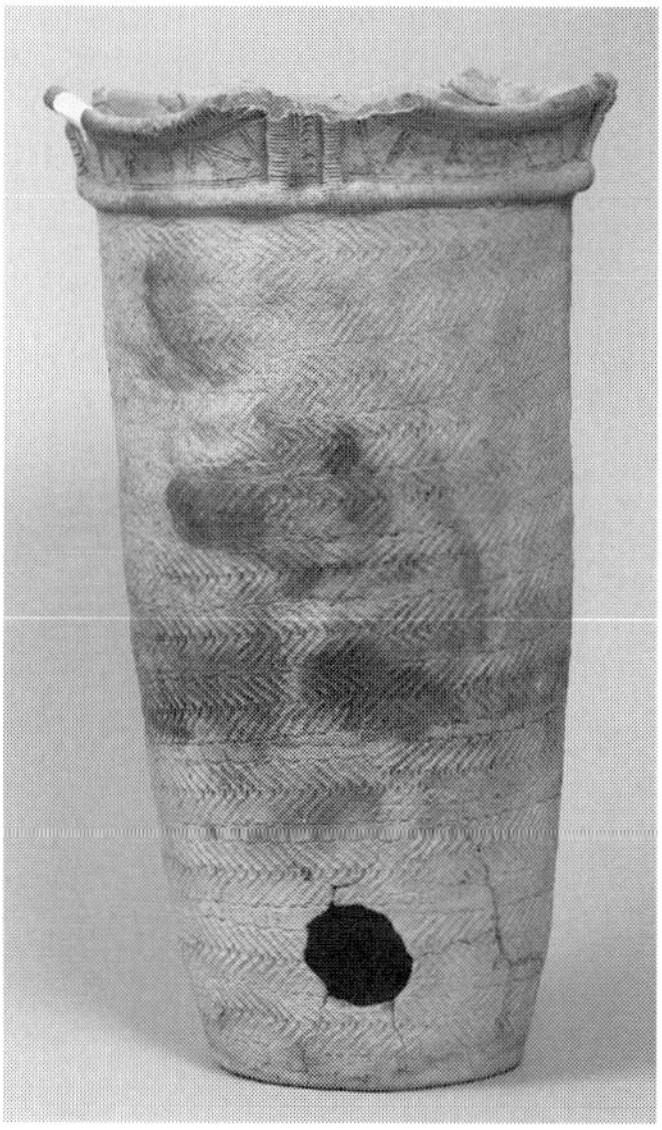
図38　穴が開いている埋設土器

いっても乳幼児、おそらくは一才未満の子どもと考えられよう。残念ながら本遺跡からは土器の中から人骨は発見されていないものの、同じ円筒土器文化圏である北海道上磯町コタン温泉遺跡や青森県八戸市蟹沢遺跡では中から幼児骨が見つかっており、埋設土器が子ども用埋設施設であることがわかる。現在のところ大人の再葬墓である証拠はまったく認められない。

埋葬に際して、地面に土器とほぼ同じ大きさの穴を掘り、そこへ直立した状態で埋設される。ごく少数であるが倒立のものや横位のものがある。遺跡によっては直立・倒立がほぼ同じ比率や倒立が多い場合なども見られ、それが何を示しているかはよくわかってはいない。埋設後、全体に盛土したかどうか、上部の状況は不明であるが、口縁部を欠失するものが多いことは当時、土器の上半が露出していた可能性もある。

副葬品はきわめて少ない。石鏃や磨石が数点あるのみで、ほとんどが副葬品をもたないという大きな特徴がある。大人の墓には生前使っていた道具、男性の場合には狩猟具である石鏃や石槍などが、女性の場合には調理道具や加工具である磨石、装身具が副葬されることがあり、性差が見られる場合がある。しかし、子どもの墓にはそれらが見られないのは性差が顕著となる前の埋葬であ

図39　埋設土器に入れられた円礫

ることからして当然なのかもしれない。

　しかし、副葬品とよべるかどうか問題はあるものの、土器の中に握り拳大の円礫が一〜二個入っている場合がある（図39）。自然礫がほとんどであるが、なかには加工痕が残る磨石、敲石もある。この場合、道具かどうかではなく丸い形状に意味があるものと考えられるが、その解釈は多様である。墓の目印で、墓標として置いたものが後に土器内に落ち込んでしまったという説、子どもに抱かせたという説、そして丸い石は魂を表現しているという説がある。縄文人にとって、死は肉体から魂が離れた状態とすれば、魂を戻すことによって再生するものであり、魂は不変で肉体が滅んでも新たな肉体と出会うことにより生まれ変わるといった、死生観があったとしても不思議ではない。円礫はその魂の象徴と理解することもできよう。

また、子どもの墓に土器が使われた理由であるが、縄文人はものを大切にし、他の道具類などを見ても再利用を繰り返し行うことは不自然ではない。心理学者である河合隼雄は、土器は母胎を表し、食べられないものが土器を通過することによって食料にと変化するように、子どもも土器の中に入ることによって新たな生命を得ると考えていたのではないかと指摘している。

当時、出産の開始は一二～一三才といわれており、医療技術が進んでいない縄文時代にあっては出産時の事故や乳幼児の死亡例が多かったことは想像に難くない。まさしく多産多死の時代であったものと思われる。実際に三内丸山遺跡では、子どもの墓は大人の墓よりも相当多いと見られ、子どもの死亡率が高かったことがうかがわれる。

（二）大人の墓

縄文時代の一般的な埋葬方法は地面に穴を掘った土坑墓に遺体を埋葬した土葬である。三内丸山遺跡では前期末頃から、ムラ中央の北の谷を挟んで、西側に居住域、東側に多数の墓から構成される墓域（墓地）が形成され始め、以降、この配置はムラが存続する間は大きな変化は見られない。地形の上では墓域はムラの東側に位置し、海に近いことになる。中期には東側にムラの入口が想定されるため、たとえば縄文人が丸木舟でこのムラにやってくると最初に出迎えるのが大規模な墓地ということになる。現代の私たちは死や墓と聞くと何となく忌み嫌うところがあり、暗いイメージを思い浮かべるが、当時は、むしろこのムラを守る、支える人たちの眠る空間として位置づけていたものと推測される。この配置は、ムラが廃絶する中期末の大木一〇式併行には大きく崩れ、居住域と墓域の関係は不鮮明となる。

前期の墓

前期のムラの大半が中期に形成された盛土に覆われているため、部分的にしか墓の情報がなく、詳細は不明である。試掘調査により、南盛土の下からは前期中頃の円筒下層式期の土坑墓が確認されており、南盛土一帯には前期中頃の土坑墓が分布しているものと思われる。このことは、中期に本格的に形成が始まる盛土の選地とも関連するもので、なぜ盛土がそこに造られるのかということについて、検討する際にひとつの示唆となり得るものである。

前期末葉には北の谷の谷頭から東側にかけて、円形や楕円形の土坑が分布しており、敲磨器類が出土するものもあり、同時期の土坑墓の可能性が高い。

中期の墓

前期末から中期になると台地中央を貫く道路の両側に整然と配置される土坑墓が出現し（図40）、他の地点でも土坑墓が構築されるようになる。これらの土坑墓は円筒土器文化が隆盛する中期中頃から後半にかけてまでは確実に継続して作られる。これまでの発掘調査により約四〇〇基の土坑墓が確認されており、未調査の部分を含めると相当数の土坑墓が分布しているものと推測できる。

このような大規模な墓域が整然と造られ、ムラの中でその配置が明確になるのはちょうどムラが大型化する兆しが見える時代である。巨木を使った建物や盛土などの記念物、遠方との交流・交易が活発になる時代でもある。

(三) 土坑墓について

分　布

現在のところ、ムラの東側、南側、西側の低位段丘から中位段丘へつづく斜面、西側中位段丘上の四カ所から検出されてい

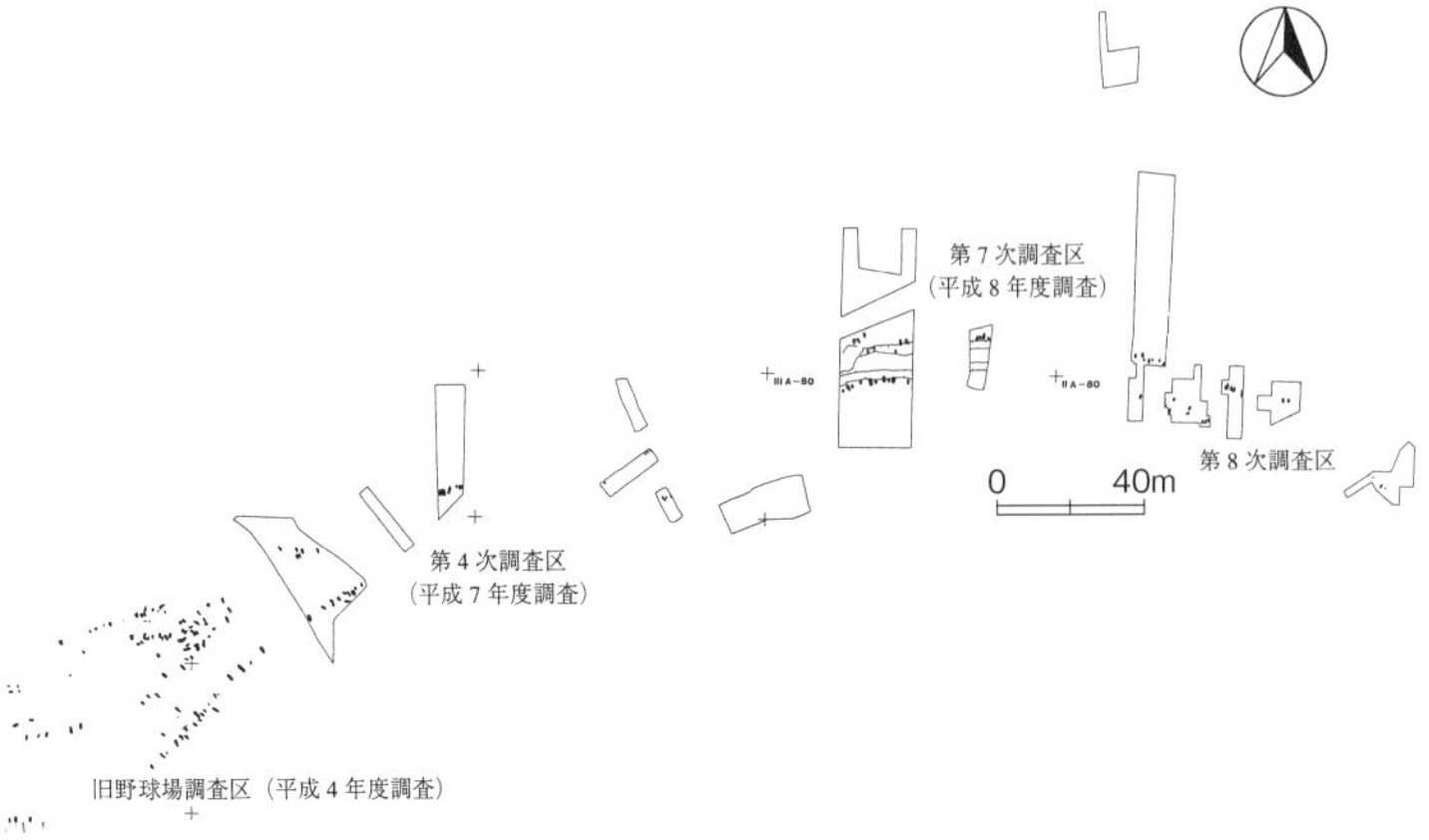

図40　土坑墓配置図（東側の墓域）

る。なかでも東側の墓域が最も規模が大きい。これらの墓は道路に沿って列状に配置される共通点がある。

①東側の墓域

ムラの中央から東側へ四二〇《メートル》以上延びる道路に沿って、その両側に配置される。道路は段丘頂部を緩やかに蛇行しながら、東側の比高約一五《メートル》の低地へ延びている。試掘調査の状況ではさらに東側へ延びる可能性がある。土坑墓は道路へ直交するように配置される。土坑墓底面はともに道路側が低く、道路を軸として対称に配置されたものと考えられる。時期は他の遺構との重複関係から、前期末～中期末の間が想定できる。

②南側の墓域

一九七六（昭和五十一）年度の発掘調査で確認された。五六基の土坑墓が長さ約五〇《メートル》にわたって、道路の両側に二列に配置されていた（図

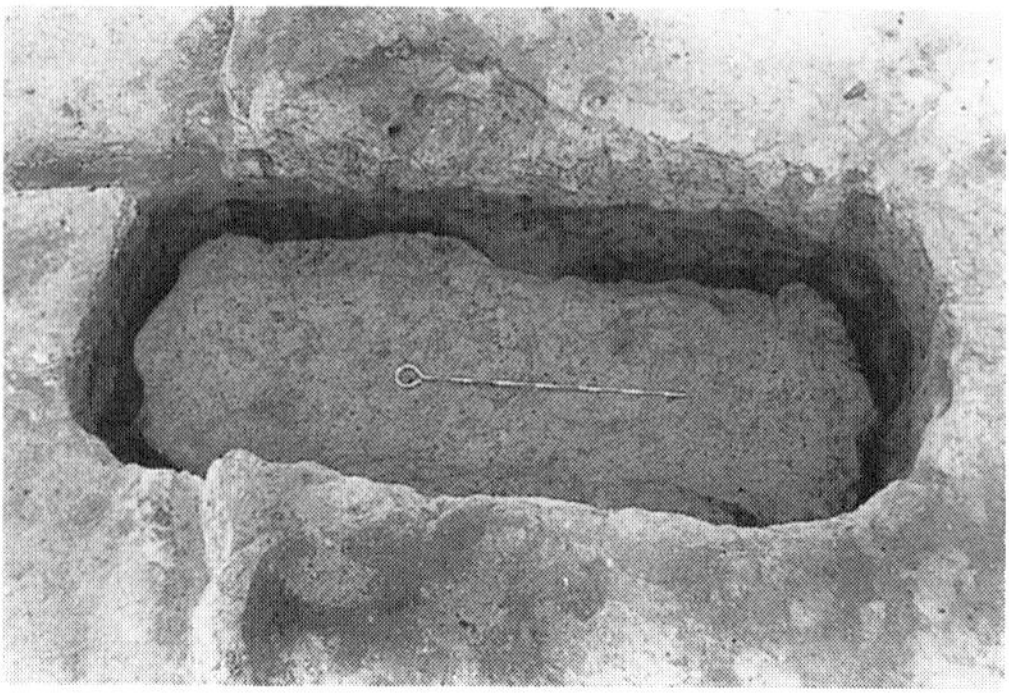

図41　土坑墓

41）。東側墓域とほぼ同じ、標高約二〇メートルの東に延びる丘陵頂部に分布する。出土遺物から中期中頃から後半にかけての時期と考えられる。なお、これらの土坑墓群から約一五〇メートル離れた丘陵先端部からも土坑墓が検出されているが、同じ墓域かどうかは確認していない。

③西側の低位段丘から中位段丘へつづく斜面の墓域

ムラの中央から南側へ三三〇メートル以上延びる道路にそって西側に配置される。道路の西側は斜面となっており、その斜面に長軸を道路ないしは斜面に直交するように構築されている。道路の反対側では確認されていない。この斜面には環状配石墓も分布するが、土坑墓列はこれらよりも時期的に古いことが重複関係からわかっている。ムラに近いところでは約一〇〇基ほどが密集している。時期は中期中頃が中心と考えられる。

④西側中位段丘上の墓域

標高約三〇メートルの遺跡の中で最も標高の高い段丘の頂部に分布する。道路が北西～南東に延びており、それらに直交するように配置される。盛土との重複関係から中期中頃の時期が考えられる。

形態と規模、構造

平面形は主に楕円形や小判形で、なかには隅丸長方形に近いものも見られる。規模は長さ〇・八メートル～二・五メートル、幅は〇・三メートル～一・〇メートル、深さが〇・

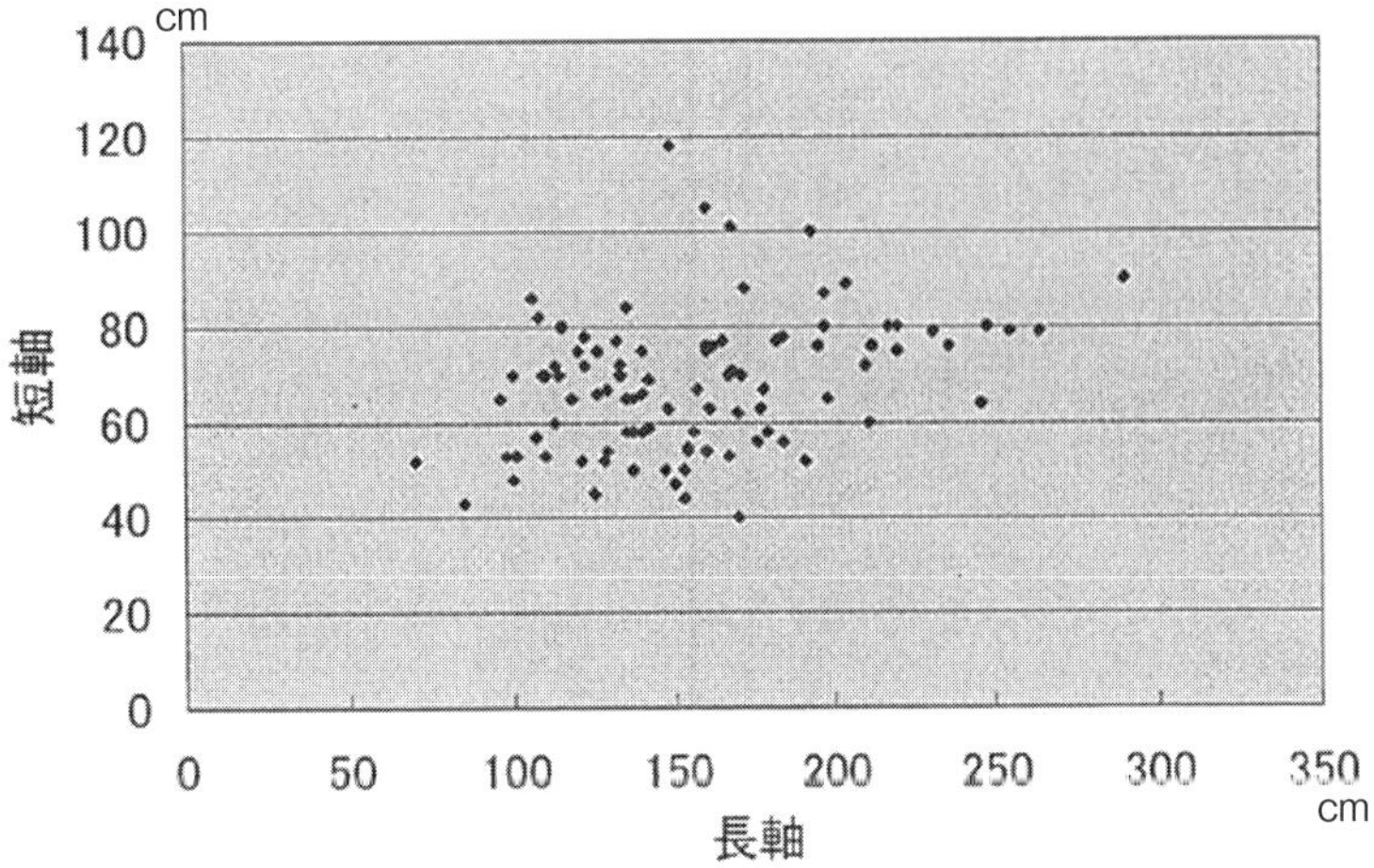

図42　土坑墓の規模

二《メートル》〜〇・八《メートル》ほどである。時間的に形状そのものに大きな変化は見られないが、規模、特に短軸は各時期ごとに違いが見られ、新しくなるにつれて幅が広がる傾向がある（図42）。これは埋葬姿勢の変化や木棺などの施設の有無を反映しているものと考えられる。

　数多くの土坑墓が調査された東側墓域では、長軸一三〇〜一四〇《センチ》のものが多く、最大では二四

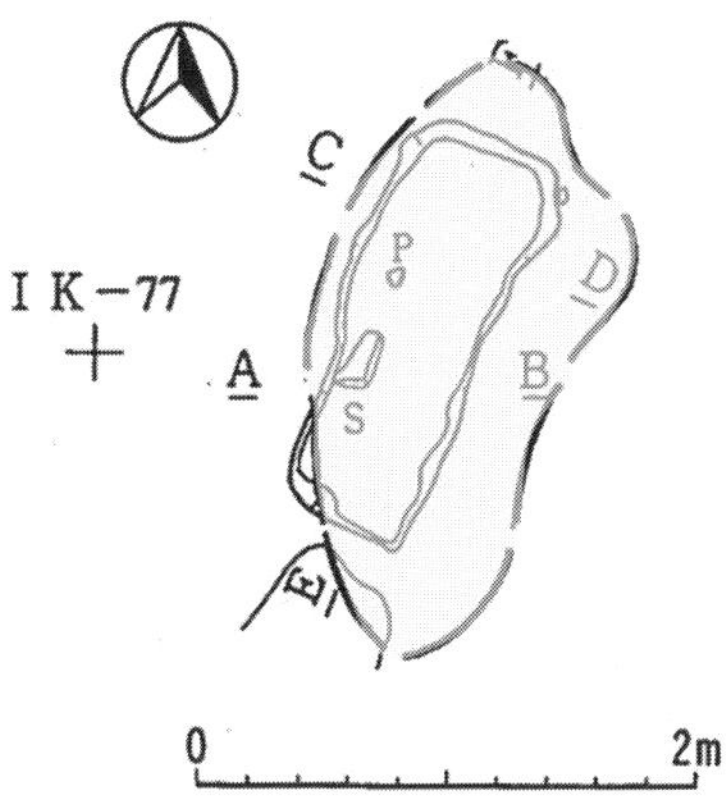

図43　マウンドを持つ土坑墓

図44　土坑墓より出土した板材

〇センチのものがある。南側墓域では平均で一五五センチとなっている。当初、土坑墓については手足を曲げた屈葬で埋葬されたものと考えられたが、土坑墓の長軸と縄文人の平均身長とがほぼ同じ値となっており、また、長軸が二メートルを越す大型の墓も多数見つかっていることから、手足を伸ばした状態の伸展葬が一般的であったと見られる。

深さは五〇センチ未満のものが大半であるが、遺体を埋葬するには十分の深さである。また、上部にマウンドが確認されているものがあり（図43）、深さが浅いものについても盛土で遺体を被覆することは可能であったと見られる。

墓穴の底面の壁際近くに幅の狭い溝が巡るものがある。この中からは炭化した板材が出土している（図44）。溝に板を差し込んで、棺のような状態であったことが考えられる。また、墓標代わりに墓の上に棒状や扁平な礫を置いた例もある。

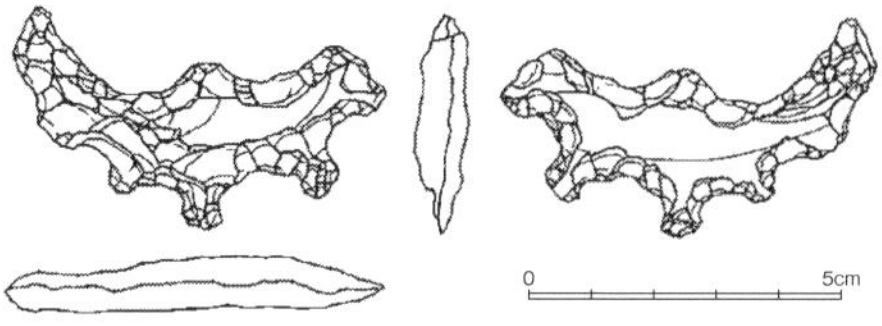

図46　異形石器

図45　副葬品の石鏃

副葬品

副葬品には土器、石器、装身具などがある。これまでの調査で約三割の墓から出土しており、同時代の他の遺跡の墓と比較して高い比率といえる。土器は完形の小型の土器が底面直上から出土した例がある。石器では狩猟具である石鏃が副葬されている。通常は一～数点であるが、最も多いもので一〇点出土した例があり（図45）、先端が欠損しているものが七点ほどある。いずれも堆積土中から出土し、その状況から矢柄が装着されていた可能性は低い。他に磨製石斧や磨製石斧を転用した石冠がある。また、実用品ではない特異な形をした異形石器が複数出土している（図46）。これらは生前の生業と関わる可能性が高く、男性の墓と想定できる。一方、加工具である磨石や敲石などの敲磨器類が出土する例もあり、これらの墓は女性のものと想定できる。これらの狩猟具と加工具が同じ墓からいっしょに出土した例はない。ヒスイの装身具が堆積土中より一点出土した墓が一基あるが、形態や位置などに大きな特徴はない。

これらの副葬品は墓域の中で、特定の部分に集中したり、どちらかの墓列に偏って出土することもない。

道路との関係

現在のところ、道路跡はムラの中心部から北盛土の南側を通り東へ、南盛土の西側を通り南へそれぞれ延びる道、そして中位段丘上の西盛土の西側を通る道の三本が確認されている。これらの道は、地面を掘込んで作られ、本来あるべき地層が削平によって欠落していることから明らかである。狭いところでも七〜八メートルあり、最も広いところでは一四メートルほどある。前期末くらいから顕著となり、ムラが営まれる間は基本的に機能していたものと考えられる。墓との重複関係は特に認められず、道と直交して墓が作られるなどきわめて密接な関係があり、同時に機能していたらしい。

(四) 環状配石墓

土坑墓の中にはまわりを石で円形に囲んだ、ストーン・サークル(環状配石)をともなうものがあり、環状配石墓とよんでいる。環状配石墓は土坑墓の埋葬部と環状に石を配置した配石部からなる(図47)。

マウンドをともなうものもあり、時代は違うものの小型の古墳と類似した形状である。土坑墓の中には弧状や直線状の小規模な配石をもつものが各墓域に少数見られるが、直径が四メートルを越え、多くの石を使った明確な環状配石をもつ土坑墓群が南北に延びる道路に沿って多数分布している。

石は土坑墓を取り囲むように環状に配置されるが、なかには縦や横に規則的に並べるものがあり、円周上には立石の可能性がある大型の石が一点置かれる場合がある。使用される石の数は多いものと少ないものがある。これらの石は遺跡の北側を流れる沖館川の四キロほど離れた上流から運ばれたものである。石質鑑定等から、同時に多数の石を並べたものではなく、複数回にわたり石を並

図47　環状配石墓

べた可能性が指摘されている。土坑墓と重複して石が並べられる場合もあることから、土坑墓の構築・埋葬と盛土や配石の構築時期にはある程度の時間差があることを示しており、環状配石墓の構築には長い時間を要したことが考えられる。

中に造られている土坑墓は、これまで見つかっている他の墓域の土坑墓にくらべて一回り大型である。墓の大きさが埋葬される人の体格を表しているとすれば、成人男子の伸展葬と考えられる。副葬品は多くはなく、石鏃が主で、漆器が出土した墓もある。また、棺の一部と考えられる炭化材も出土している。

これらの環状配石墓は列状に一六基道路にそった斜面に配置され（図48）、道路に立つとちょうど縄文人の目線の高さとなる。また、斜面が緩やかな場所では道路の両側にも作られる。見せることを相当意識して作られた可能性が考えられる。

図48　並んだ環状配石墓

調査した環状配石墓が少数であるため、これらの墓の被葬者の実態は不明である。これらの墓はムラが大型化するとともに出現し、そして、同時代にストーン・サークルをもつ墓ともたない墓が併存する。また、ストーン・サークルの規模も直径が二メートルのものと四メートルのものがある。このストーン・サークルの有無や規模の違いについては、ひとつの仮説として埋葬される人の社会的な位置、立場の違いを反映している可能性があり、ムラの長老の人びとの墓ではないかと考えている。当時長老は生きていく上での知恵や経験をもち尊敬された。かといって特定の個人が大きな権力をもっていたわけではない。地域やムラにとって大事なまつりや祭祀や儀式を行う際に、人びとをリードし、まつりを管理、運営、継承する人びとではなかったかと推測している。このような墓の形態の違いは階層社会の現れと見ることもできよう。

Ⅳ　交流・交易

出土品の中には本来この地にはなく、交流や交易など人間の活動にともなって他地域から運ばれてきたものがある。

1　ヒスイ

ヒスイは軟玉とよばれるネフライトと硬玉とよばれるジェード輝石に分けられ、ふつうは後者を指す。硬度六・五～七・〇と固く、比重も大きい。同じ大きさの石とくらべても、もつとその重さを実感でき、色は半透明の青～緑色に輝く。

かつては原産地が中国やミャンマーと考えられた時代もあったが、一九三九（昭和十四）年には新潟県糸魚川市を流れる姫川の支流、小滝川でヒスイの原産地が確認された。このヒスイを原材料として、縄文時代から古墳時代にいたるまで、勾玉などの装身具が作られた。現代でも指輪やペンダントに加工され、美しく輝くとともに、高価なアクセサリーとして宝石店の店頭を飾っている。

一九九二（平成四）年、三内丸山遺跡からもヒスイを丸く加工した緒締《おじめ》型の大珠が三個まとまって出土した（図49）。最大のものは径約六・

図49　ヒスイ製大珠

五センチ、重さ四六〇グラムもあり、ちょうどゴルフボールとテニスボールの中間くらいの大きさである。紛れもなく、円筒土器文化圏では最大のもので、三個合わせると約一・一キロになる。ほぼ中央には径一センチほどの片側から穿孔した穴が貫通している。肉眼観察では、このヒスイ製大珠の原産地は糸魚川周辺であると思われたが、念のため藁科哲男（元京都大学原子炉実験所）に分析を依頼したところ、蛍光X線分析法によって糸魚川周辺であることが確認された。三内丸山遺跡のある青森市とは約七〇〇キロ近くも離れた遠方から運ばれてきたものである。

　しかし、このヒスイ製大珠がどのような状態、形状で運ばれたのかについては意見が分かれる。原石のまま三内丸山ムラへ運び込まれ加工されたとする説と、原産地で緒締型に加工された完成品として持ち込まれたという説である。三内丸山遺跡からは原石、加工途中の未製品などが出土していることから前者の可能性が高いものと考えられた。近年、三内丸山遺跡に隣接する近野遺跡からは重さ一キロ以上もあるヒスイ原石が出土していることから、原石での搬入があらためて裏づけられた（図50）。

図50　ヒスイ原石（近野遺跡）

　また、この丸い緒締型とよばれるタイプの大珠は糸魚川周辺では見つかっておらず、東北地方北部に分布する独特の形状のものであり、もし、この緒締型が糸魚川周辺で作られたとすると、三内丸山ムラから原産地へ発注された、オーダーメードによるものと考えるしかないが、その可能性は低い。

　三内丸山ムラで加工されたとすれば、その際に使用された加工具が見つかっていないとの指摘がある。糸魚川周辺のヒスイ加工を行ったムラからは、ハンマーや砥石など専用の道具類が出土している。しかしこれらは大珠などの大型品を加工、製作する道具ではなく、一回り小型のものを加工する道具であると思われる。おそらくは普段石斧製作等に使用した道具や加工技術で十分に大珠の製作は可能であった。今後製作時に生じた破片の出土や工房跡の発見が期待される。

　ヒスイ製品が最も多いのは原産地周辺であるが、次に多いのは遠く離れた北海道南部から東北地方北部の、津軽海峡に面した地域である。中間の新潟、山形、秋田各県の縄文遺跡から出土するヒスイ製品の点数よりも多く、しかも大型の優品が多い。このとこはヒスイが陸地伝いに長い時間をかけ、人から人の手を経てもたらされたものではなく、中間地帯を飛び越え、一気に津軽海峡に面した地域へと、日本海を丸木舟で運ばれたことを示唆し、その行き先のひとつが三内丸山ムラのような拠点的なムラであったことが考えられる。

丸木舟と聞くと原始的な航海というイメージを浮かべるが、黒曜石に見られるように旧石器時代にすでに津軽海峡を往来していたことは確実で、それに後続する縄文人もまた航海術に優れた人びとであったものと思われる。また、日本海でのタンカーによる原油流失事故の際の原油の漂着速度を見ても、想像以上に海流の流れが速いことがわかる。潮の流れを的確に読み、巧みに利用することによって、比較的短期間で青森まで到着することとは十分に可能であった。そしてその季節は日本海が波静かで穏やかな、初夏から秋口にかけてが最適であったであろう。真冬の日本海は波が荒く、丸木舟での航海は困難であったことが推測される。糸魚川周辺で採取されたヒスイの原石は舟で日本海を運ばれ、津軽海峡からつづく陸奥湾の最奥部に位置する三内丸山ムラへと持ち込まれ、そこで長い時間をかけ大珠などの製品に加工され、あるものは他のムラへと分配された、そんな光景が想像できよう。

2 黒曜石

黒曜石は、その名のとおり黒色で、光沢のある天然のガラス質の岩石である。マグマが噴出し、急速に冷えた際にできる火山岩である流紋岩の仲間である。ガラス質であることから、割れた際に鋭利な破片を得やすく、石器の材料として古くから利用されてきた。縄文時代以前の旧石器時代にも黒曜石製の石器が数多く作られた。石器製作に適した石材の代表的なもののひとつである。

現在、日本では七〇カ所を越える黒曜石の原産地が知られている。この黒曜石も原産地によって成分に違いがあることから、理化学的な成分分析によって、その産地を推定することができる。三内丸山遺跡では、これまでの発掘調査で六〇〇点を越える数多くの黒曜石製の石器が出土しているが、他の縄文遺跡と比較しても、点数はもちろん、石材に占める比率は突出して高く、当時の三内丸山ムラには数多くの黒曜石が運び込まれたことを示している。

出土品の分析結果では、現在のところ全国各地の一七カ所の原産地の黒曜石が確認された。三内丸山遺跡が所在する青森県でもいくつか黒曜石の原産地が知られているが、これらの原産地の他に遠方の黒曜石が持ち込まれていることが判明した。

さらに興味深いことがいろいろと見えてきた。まず、地元産の黒曜石は矢の先に付ける石鏃や小型のナイフが大半である。地元産のものは質があまりよくなく、しかも小型の原石が多いこともあって、石器作りには適さなかったのかもしれない。また、石器製作の際に出た剥片もたくさん出土していることから、原石がムラへ持ち込まれ、石器作りが行われたものと考えられた。

北海道には良質の黒曜石の原産地があることが知られており、十勝、白滝、置戸、豊泉の各地の黒曜石が出土している（図51）。石槍やナイフなど大型品が多く、石鏃はない。石器の形態も北海道のものとよく似ていることから、北海道で作られた石器が完成品として持ち込まれたものと考えられる。剥片も少ないものの出土しており、これ

図52　信州産黒曜石製石器

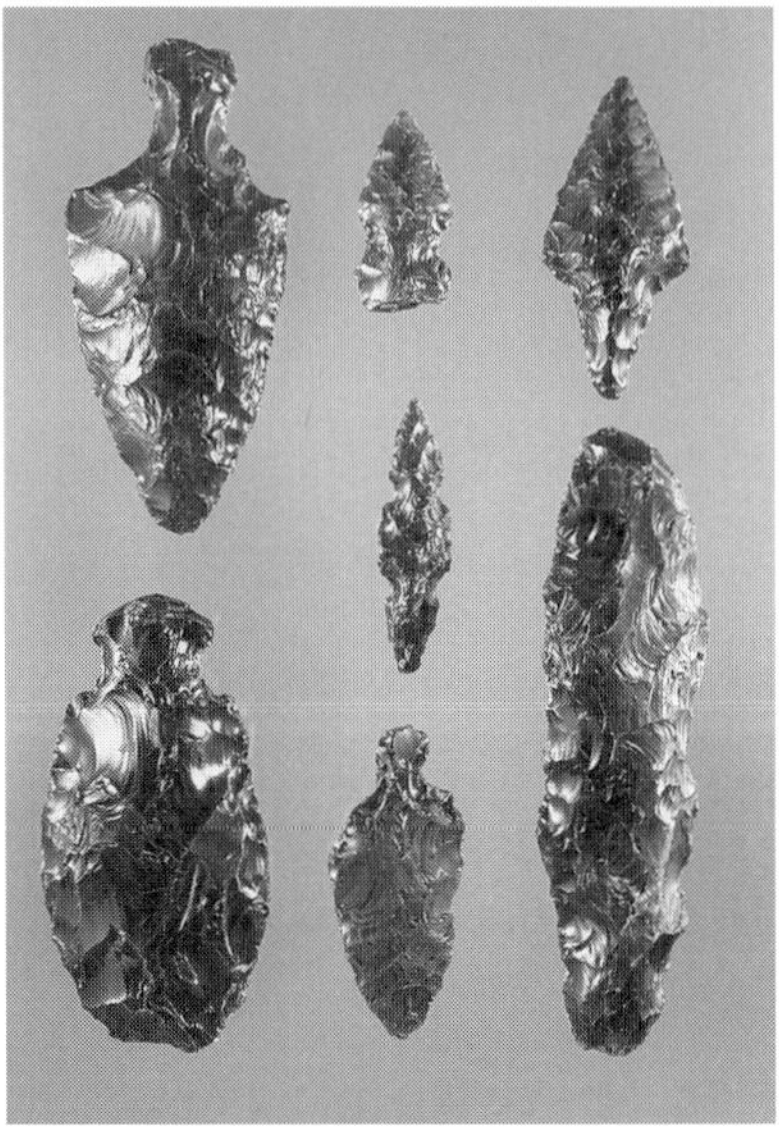

図51　北海道産黒曜石製石器

らは大型の石器を再加工した際に生じた可能性が高いが、時として原石や石器に加工しやすい大型の剥片が持ち込まれることもあったことだろう。これらは津軽海峡を越えて運ばれたものである。

秋田県男鹿産は完成品の他に原石、剥片とともに出土している。その他本州産は石鏃やナイフなどの完成品のみで、いずれも持ち運びやすく、完成品として持ち込まれたものである。遠方では新潟県佐渡産、長野県霧ヶ峰産、和田峠産のものがある。佐渡産は原産地の規模が小さく、島以外からの出土例はほとんど知られておらず、舟を利用して運び出されたものと思われる。長野県産のものは小型の製品である石鏃である（図52）。これらの石鏃は、三内丸山遺跡が属する円筒土器文化圏の同時期の石鏃とは形態が違うものである。前者は柄を付けるところが深く抉れているが、後者には逆に茎がある。おそらくは完成品として、原産

図53　コハク原石

図54　アスファルトが付着した石鏃

地またはその周辺地域から運ばれたものと思われる。

全体の傾向として、原産地が近いものは量が多く、原石や剥片も多い。遠方のものは完成品として持ち込まれた場合がほとんどであった。しかし、遠方であっても良質の場合、多く出土することもあり、縄文人は石器にする石材の適否をよく知っていたといえよう。

3　その他の遺物

コハクの原石や加工した玉類も出土している。最も近い原産地は同じ円筒土器文化圏である岩手県久慈市周辺で、そこから持ち込まれ、三内丸山ムラで加工されたものである（図53）。石鏃の接着剤などに利用されたアスファルトは秋田県の日本海沿岸地域からもたらされたものである（図

図55　ベンガラ原石

54）。また、三内丸山遺跡では日本最多の約二〇〇〇点もの土偶が出土しているが、一部を胎土分析した結果、他地域で製作されたものが含まれている可能性が高いことが指摘されている。出土した魚骨を分析した西本豊弘らはブリやサバに見られる出土部位の偏りから、食料の移動、搬入の可能性すらあることを指摘している。赤漆の顔料であるベンガラも良質なものは原産地が限定され、やはりムラ以外の場所から調達されたものと考えられている（図55）。

　土器の中にも、太平洋岸で作られたものが見られるとともに、遠く北陸地方に分布する前期の朝日下層式土器に類似するものがある（図56）。一方、礼文島からは中期の円筒土器の影響を強く受けた土器が出土している。通常、円筒土器文化圏は道央の石狩低地帯が北限とされているが、海上ではさらに北に位置する離島にもその影響が認められる。南では能登半島に位置する石川県真脇遺跡などから前期末の円筒土器の影響を受けた土器がまとまって出土している（図57）。これらからも海の道を舟で行き来した縄文人の姿が浮かんでくる。

図56 朝日下層式土器

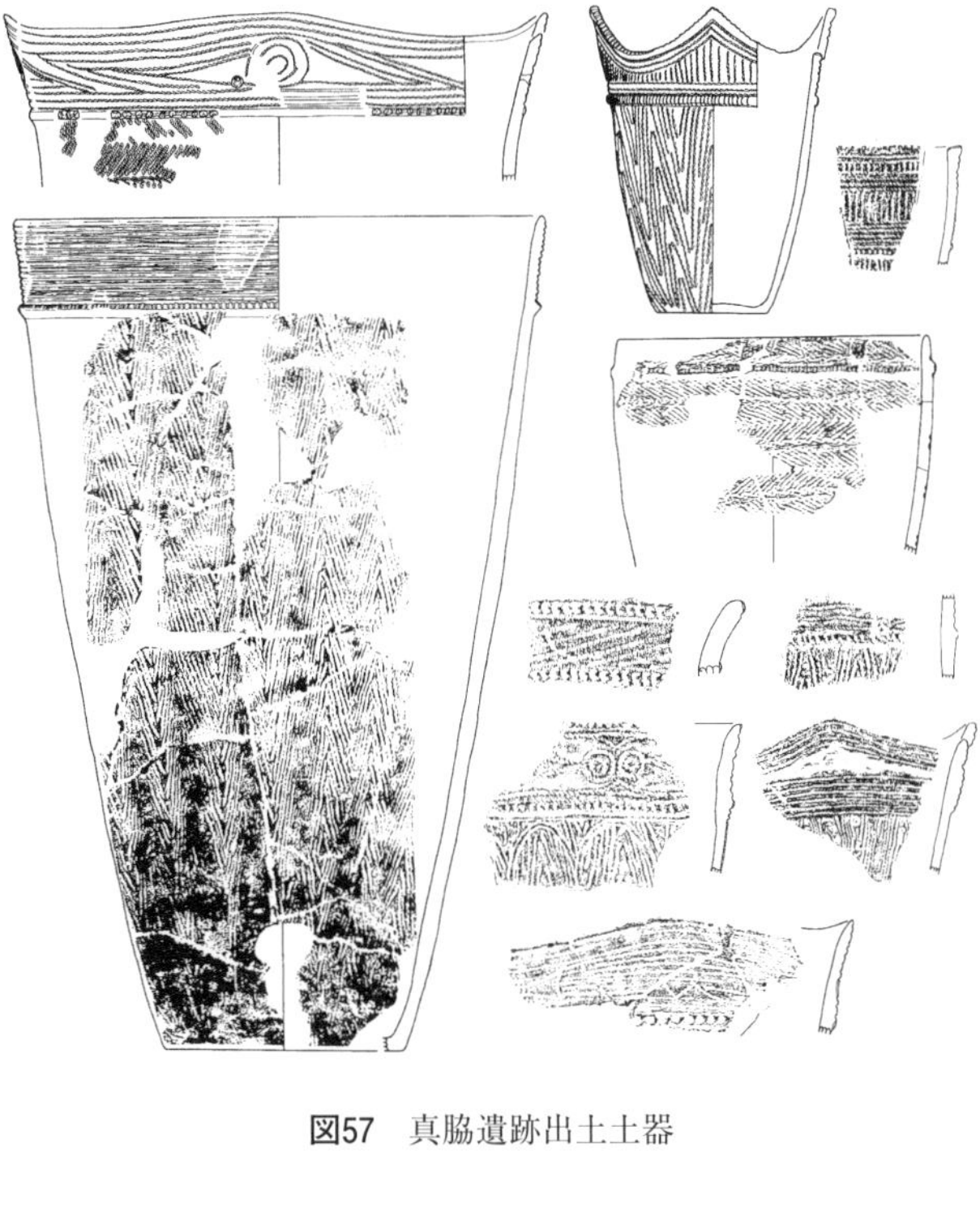

図57 真脇遺跡出土土器

4　大陸との交流

一九二七（昭和二）年、喜田貞吉は日本列島で出土する縄文時代の遺物を具体的に取り上げ、内反の石刀、玦《けつ》状耳飾、三足土器、玉斧などは大陸からの影響を受けたものであるとした。

一九五四（昭和二十九）年には山形県遊佐町三崎山遺跡から縄文時代中～後期の土器とともに青銅刀子、一九六六（昭和四十一）年には同県羽黒町中川代遺跡から縄文時代中期の有孔石斧、一九八四（昭和五十九）年には青森県平舘村（現外ヶ浜町）今津遺跡から晩期の三足土器、一九八八（昭和六十三）年に青森県六カ所村富ノ沢（1）遺跡からも三足土器が出土した。また、一九九七（平成九）年菊池徹夫（元早稲田大学）らは青森県名川町（現南部町）虚空蔵遺跡出土の晩期の三足土器を考察し、大陸との関係を強く示唆した。他にも縄文時代早期の石刃鏃、早～前期の玦状耳飾、平底円筒土器、竪穴住居など中国東北部を中心とする大陸の先史文化と共通する要素は少なくない。一九九九（平成十一）年富山県小矢部市で開かれたフォーラムで、中国社会科学院考古研究所の王巍副所長（当時）らは、縄文文化に見られる外来的要素について情報の伝達、ものの移動、人の移動をともなう技術の伝播などが考えられるとした。

しかし、これらはまったく無関係な他人の空似にすぎない可能性もあり、個々の事例の比較のみに留まらず、それらの年代、環境、遺跡や文化の内容など総合的に検討する必要があることはいうまでもない。縄文文化は、四方を海で囲まれた日本列島の地理的条件や採集狩猟文化として高度に発達した点などから、孤立的に独自の発展を遂げ

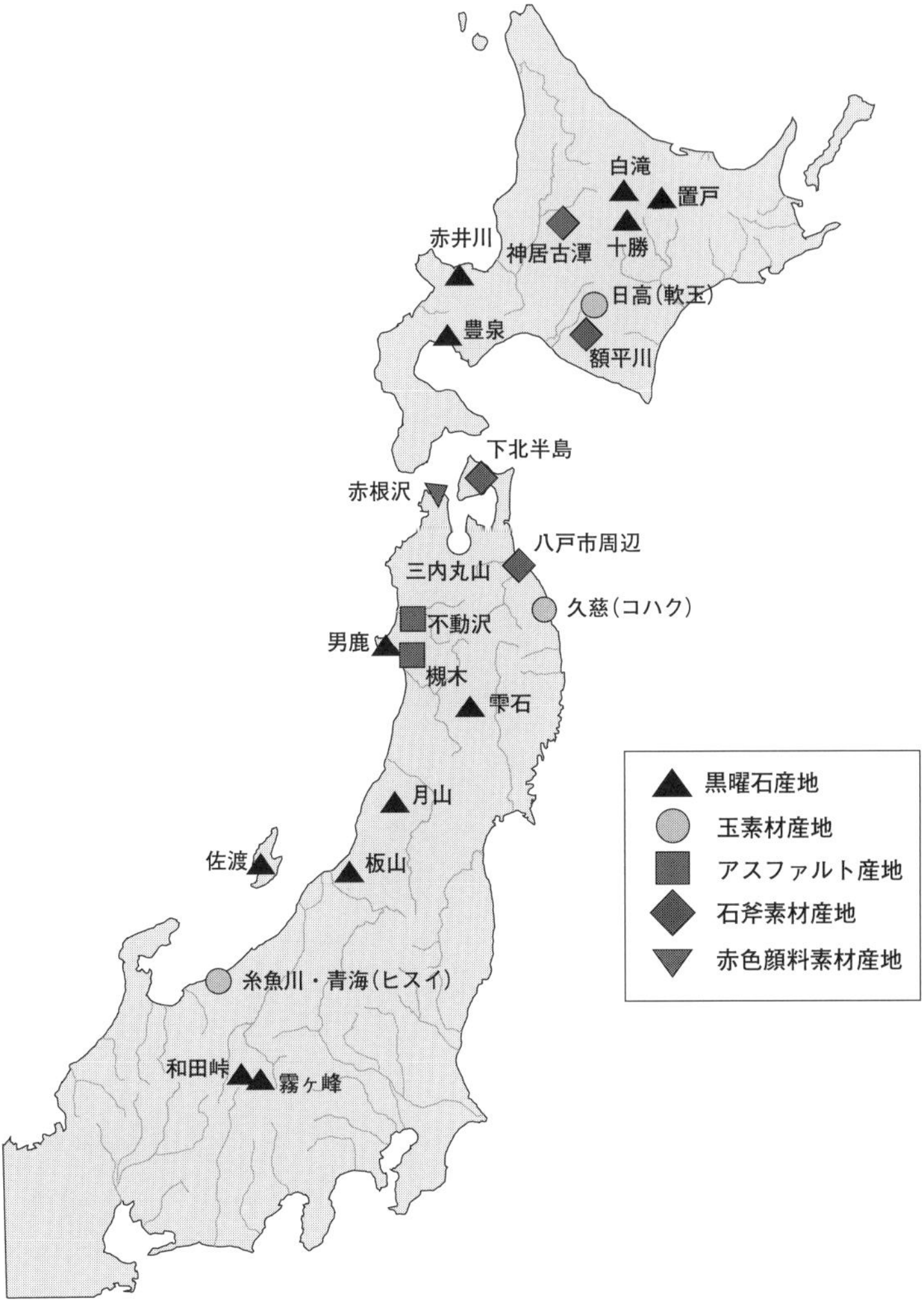
白滝
置戸
神居古潭
十勝
赤井川
日高(軟玉)
豊泉
額平川
下北半島
赤根沢
八戸市周辺
三内丸山
久慈(コハク)
不動沢
男鹿
槻木
雫石
月山
佐渡
板山
糸魚川・青海(ヒスイ)
和田峠
霧ヶ峰
黒曜石産地
玉素材産地
アスファルト産地
石斧素材産地
赤色顔料素材産地

図58　各地との交流

たと考えられていたが、日本、中国、韓国、沿海州など各地の考古学的な情報が増えるにつれ、相互に無縁とは考えられず、環日本海あるいは東アジアの視点で見直す必要に迫られてきたというのが現状であろう。

5　交易・交流から見えるもの

円筒土器文化圏を代表する三内丸山遺跡では、他地域から持ち込まれた遺物が多数出土していることが明らかとなった（図58）。特に集落規模が大型化し、土地利用も整然となる中期初頭から、これら交流・交易の遺物が顕著となり、より遠くから、より多くのものが運ばれてきた。このことはそのまま縄文人の活動範囲が広がり活動量もより活発になった結果にほかならない。

また、石器など実用品のほかに奢侈品も搬入されるようになる。実用品の搬入は交換と考えてもよいが、非実用的なヒスイ、コハクなどは他地域の集団から贈与されたものの可能性がある。現在のところ、ヒスイの見返りと思われるような明確な遺物が北陸地方から出土していないことからも、単なる物資の交換といったようなものではなく、ヒスイの保有そのものに大きな意味をもつ社会や文化が東北地方北部から北海道南部に成立していたと考えたい。

V　大型記念物

大規模で構築や維持に多くの労力を必要としながらもその目的・用途が明確ではない、非日常的な施設は記念物とよばれ、三内丸山遺跡のクリの巨木を使用した大型掘立柱建物もそのひとつと考えることができる。

発掘調査ではムラの北側、中央、南西側などから掘立柱建物跡が数多く検出されている。そのなかでも、木柱の直径が一メートル《メートル》近くもある、他の木柱と比較して特に大型のものを大型掘立柱建物とよんでいる。一九九四（平成六）年七月、調査区の北西端（沖館川に面した斜面近く）から大型の柱穴を六基検出した。さらに柱穴の中には直径約一メートル《メートル》のクリの巨木を利用した木柱が一部ではあるが残存していた。この木柱の発見により、三内丸山遺跡は全国的に大きく注目されることとなった。しかし、一九九二（平成四）年にすでにこの付近から大型の柱穴群と直径八五センチ《センチ》の木柱を検出しており、大型掘立柱建物の存在は以前から知られていた。

さて、注目された第二六号掘立柱建物跡は特に大型で、直径約一メートル《メートル》のクリの巨木を柱として使い、平面形は正方形が二個連結した長方形で六本柱、一間×二間の構造である。柱の間隔は四・二メートル、大きさは長さ約八・四メートル、幅約四・二メートルである。主軸は北東～南西である（図59）。

柱穴はほぼ円形で径約一・五メートル～二・二メートル、深さ一・四メートル～二メートルと大型である。木柱は北側の柱穴では北側の壁にそって配置され、南側はその逆となる。また、慎重に精査した結果、木柱は互いが向かい合うように若干内側に傾いていることが確認された。数センチ単位で掘り下げ、柱痕跡を平面と断面で確認する方法を行った。木柱が直立していれば、平面で確認した柱痕跡は上から底まで、その位置は変わらず、断面も垂直でなければならない。傾いていれば平面の柱痕跡は、掘り下げるに従って、徐々にずれていくことになる。当然断面も傾くことになる。ひとつの柱穴に二カ月以上を要する調査を行い、結局、わずかであるがおたがいが向かい合うように傾いている、内転びであると判断した。南側の列は北に傾き、北側の列は南に傾いている。

さらに木柱の固定では、粘土と砂から構成される土砂を入れ、叩き締めた固め打ちの技法で埋められている可能性が指摘されている。このような埋め方は他の掘立柱建物には見られない特徴である。木柱を傾かせることによって荷重を分散し、最も荷重のかかる木柱の底の部分を固い地山で支えたことが考えられた。このことは木柱は、それぞれが独立したものではなく、一体となった構造物であることを強く示唆している。

また、大手ゼネコンの大林組と共同で土壌工学的な分析を実施した。地耐力とは土の密度や支持力のことであるが、「標準貫入試験」という方法で地耐力を調べた。鋼製の錐を取り付けた機材を一定の高さから落下させ、ある一定の深さまで貫入するために必要な打撃回数を測るものである。

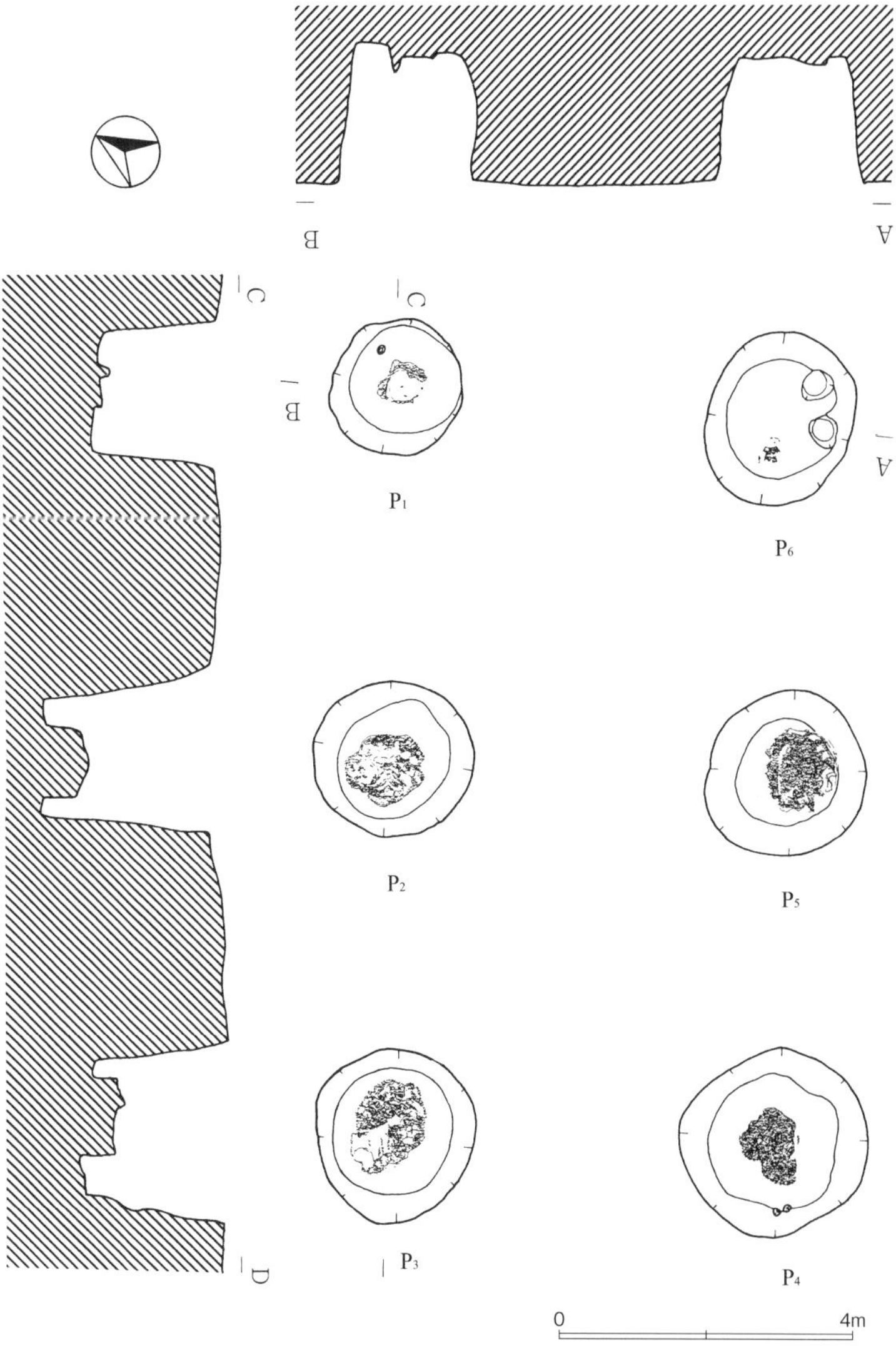

図59　大型掘立柱建物跡実測図

図60　柱穴の調査風景

含水比率は、重さが加わった土は水分が抜け、含水比が低下するので、それによって荷重が推定できる。一九九五（平成七）年五月、保存処理のため柱を取り上げた後、木柱直下と荷重を受けていない柱穴周辺のボーリング調査が行われた（図60）。

　地耐力の分析からは、一平方メートルあたり六トンから一〇トンの荷重を経験していた結果が示された。含水比比率では、一平方メートルあたり、最大で一六トンの荷重を受けた可能性が示された。木柱の直径を平均一メートルとすると、最少で一四メートル、最大で二三メートルの木柱が建っていた可能性が考えられた。

　同時に全国のクリの巨木調査も行われた。現存するクリの木では最大樹高二三メートルのものを確認した。しかし、クリの木は高くなるにつれて細くなり、高さ二〇メートルのクリの巨木であったとしても、建築材としてつかえるのは、一五メートルから一七メートルくらいであり、そのあたりが目安と考えられた。

木柱の根入り（柱穴に埋まっている深さ）は三米《メートル》を越えることは考えられず、木柱そのものも内側に傾いていることを考えると、それぞれが自立していたことは困難と思われ、たがいに連結された構造、大型の高床建物と考えるのが最も自然である。

工法も検討された。建て方は、現在行われている御柱のような建て方が推測でき、柱穴に一端を落とし込み、×状に組んだ木を移動させることによって、少しずつ立ち上げる方法である。トーテムポールも同様の方法で建てられている。さらに盛土や木組みなどの足場を組むことも想定した。

運搬方法については、復元ためにロシアから輸入したクリの木を使った木曳式《こびきしき》として実験が行われた。丸太を下に敷き、滑らせるように引くと一〇〇人程度で簡単に引くことができた。丸太をコロとして使用する、あるいは現在も雪国で見られるように積雪を利用することが考えられ、人数さえいれば十分可能である。建てること自体が大きなイベントであったかもしれない。

この六本柱については現在のところ建物説と非建物説がある。建物説は、弥生時代の吉野ケ里遺跡に見られる望楼のような、高層の建物とするものであり、非建物説は、諏訪の御柱や柱を立ててまつりを行った北米北西海岸のトーテムポール（図61）とか、柱を建て聖なる空間を作ったという、木柱説である。

調査所見からは単に巨木を建てたトーテムポールや御柱のような巨木柱ではなく、上屋構造のある大型高床建物と考えるのが妥当で、しかも相当の高さを想定する必要がある。物見やぐら、灯台、祭祀施設などが想定されるが、やはりムラ全体の構造の中で検討する必要がある。ただ、他に

図61　北米北西海岸のトーテムポール

例を見ない大型建物であり、特別な用途を考えるべきで、祭祀に関係する施設である可能性は高い。今後、周辺の調査が進むことによってその用途・目的が具体的に見えてくるものと期待される。

各地の縄文遺跡から掘立柱建物跡の検出例が多く見られるようになり、縄文時代にも一般的な構造物として理解されるようになるとともに、多様な目的や用途をもっていたと考えられ、太い木柱だけに注目し特別な意味づけを与えることは慎重にならなければならない。

関連して冬至の際に太陽が六本柱の延長線上、ちょうど木柱の間に沈むことが指摘されているが正確に言うと、大型掘立柱建物と太陽とが交差し、木柱の間に見る（通過する）ことができるのであり沈むのではない。夏至の際には主軸の延長線上より南側から太陽が昇る（図62）。したがっ

図62　大型掘立柱建物後方から見た夏至近くの日の出

て、現在のところ、二至二分など太陽との関係を積極的に見出すことはできない。そもそも地軸が傾いており、縄文時代と現代では太陽の日の出、日の入りの地点が同じではないことについても注意する必要がある。また、西側には津軽地方で最も高い岩木山があり、それとの関係も考える必要がある。

現在のところ三内丸山遺跡では大型掘立柱建物が二〇棟近く見つかっており、すべて同じ軸方向ではない。もちろん同時に建っていたのではなく、おそらくは一時期一棟程度と考えられる。このことはそれぞれが他の施設と関連してその位置や方向が決められていたことを示している。

このような大型掘立柱建物は、縄文時代中期に入ってから出現する。ムラが急激に拡大する時期にあたる。そして最もムラが拡大したときに、最も大型の建物が建てられていることもこれまでの発掘調査で見えてきている。ムラの拡大や人口が増えるなかで出現する施設であり、社会の複雑化を示すとともに、労働力の集約と建築技術の蓄積が背景にあることも見逃せない。

大型掘立柱建物はどこのムラにでもある施設ではなく、地域を代表する拠点的なムラに見られるものであり、その実態を知る上でも重要である。

Ⅵ　円筒土器文化と三内丸山遺跡

縄文時代前期中頃（約五五〇〇年前）、津軽海峡に面した東北北部から北海道南部の地域に円筒土器文化が成立した。バケツを上下に引っ張ったような特徴的な筒型の土器が多く使われたことからそのように呼ばれ、前期中頃から中期中頃までの約一〇〇〇年間ほど繁栄し、その影響は遠く北陸地方や北海道礼文島まで見られる。円筒土器文化の特徴は、拠点集落の出現、大量の土器・石器の生産、「第二の道具」など多様な祭祀道具の発達、精巧な漆器の製作、クリに代表される栽培植物の出現、他地域との交流・交易などである。

1　研究の歩み

円筒土器に関する確実な最も古い記録は、菅江真澄によるものである。紀行文『栖家乃山』（一七九九年）のなかで、三内村（現在の三内丸山遺跡と考えられる）から出土した円筒上層b式土器についてのスケッチと考察を記している。これより古い記録として『永禄日記』のなかにも三内丸山遺跡に関する記述があるものの、現在では後世書き加えられた可能性が高いと考えられている。

円筒土器の名称は一九二七（昭和二）年、長谷《はせ》部言人《べことんど》により命名された。青森県八戸市是川一王寺遺跡などから出土した多量の土器について、その独特な形状から円筒土器とよび、さらに上層式と下層式に大別した。一九二九（昭和四）年、長谷部とともに数々の発掘調査を行った山内清男《やまのうちすがお》は、下層式を前期に、上層式を中期に位置づけ、円筒土器下層式をa・b・c・dの四類に分類し、編年的序列を提示するとともに、上層式については二つ以上に分類できるとした。

一九五五（昭和三十）年、江坂輝弥は青森県八戸市蟹沢遺跡出土土器を分類し、前期末の円筒下層d1式と中期初頭の円筒上層式を繋ぐものとして円筒下層d2式を設定し、一九五八（昭和三十三）年には秋田県の大和久震平が下層d式と上層a式をつなぐものとして狐平式を提唱した。

さらに一九七〇（昭和四十五）年、江坂は青森県つがる市石神遺跡の発掘調査報告書において、下層式を七型式一五類に、上層式を七型式一〇類に細分した。同年には、村越潔が『円筒土器文化』において下層式をa・b・c・d1・d2式の五型式六類に、上層式をa・b・c・d・e式の五型式二類とした。ここに円筒土器の編年はほぼ確立し、その後この村越編年が定着することとなる。山内を中心とする編年研究が日本考古学の主流であった時代において、円筒土器についてもまたその細分と序列の考察という編年研究が主なものであった。そのなかで、村越は研究史を整理するとともに、土器の編年にとどまらず、石器や骨角器、土偶、そして自然遺物にまで研究対象を広げるとともに、竪穴住居や埋設土器といった遺構も含めた、まさしく円筒土器文化の内容解明を目的とした研究を推進した。その研究の視点はまさに画期的なものであったといえよう。

昭和四十年代後半以降、円筒土器文化の中心地域である東北北部においても大規模開発にともなう発掘調査が急激に増加した。それまでの点の調査から面の調査へと大きく様変わりし、円筒土器文化に関する資料や情報も大幅に増えることとなった。特に集落の調査例が増え、当該時期の集落構造が把握されるようになった。青森県碇ヶ関村大面《おおづら》遺跡や青森市熊沢《くまのさわ》遺跡では円筒土器文化初頭の集落構造が、青森県黒石市板留（2）遺跡や大鰐町大平遺跡では前期後半から末葉にかけて、青森県青森市四ツ石遺跡、十和田市明戸遺跡、青森市近野遺跡、青森市三内沢部遺跡、六カ所村富ノ沢（2）遺跡などでは中期の集落構造が明らかとなった。しかし、これらの成果をもとにした集落研究はあまり活発とはいえず、総じて、円筒土器文化に関する研究は停滞気味であった。

このような状況のなか、平成に入り、三内丸山遺跡の大規模な発掘調査が始まった。広範囲の発掘調査により、これまで部分的に知られていた集落構造が一気にその全体像を見ることができるようになり、また、円筒土器の全型式にわたる遺構が調査され、集落の変遷もまた把握することができた。さらに低湿地の調査により、当時の生活環境が復元され、集落変遷と環境変化の関連性が検討されるとともに、動植物遺体の分析によって生業についての解明も進んだ。盛土や大型掘立柱建物などこれまで円筒土器文化では知られていなかった記念物も新たに確認され、円筒土器文化の様相を具体的に知ることができるようになり、土器編年はもちろん、個別の遺構論や遺物論にとどまらない、文化の総体としての円筒土器文化論がふたたび検討されるようになった。

ほぼ同時に前期の大集落である青森県八戸市畑内遺跡や函館市大船遺跡の発掘調査も行われてい

ることもあり、円筒土器文化圏内の地域性についての比較研究も行われるようになった。三内丸山遺跡の発掘調査と前後して、円筒土器や関連する遺構の集成などが行われ、研究会等も活発に行われるようになった。

また、大陸の先史文化との比較研究や共同研究も進み、青森県・青森市・東奥日報社による実行委員会は中国社会科学院考古研究所と中国内モンゴル自治区内興隆溝遺跡の共同調査を実施し、集落構造や多数の埋葬人骨に関する情報を得るとともに、最古のアワを検出し、中国東北部における雑穀栽培の起源を明らかにした。

その後も円筒土器文化圏では、青森県青森市岩渡小谷（3）遺跡から前期の水場遺構や多くの木製品が出土したほか、青森県青森市石江遺跡、蓬田村山田（2）遺跡など典型的な円筒土器文化期の集落跡が明らかとなっている。

2　分布範囲

村越潔によると円筒土器の出土する遺跡は前期、中期ともにそれぞれ二〇〇カ所以上にのぼり、主たる分布範囲は青森県を中心として、北海道では石狩低地帯以南の道南地方に多く、本州では日本海側の秋田市と太平洋側の盛岡市を結んだラインを南限とすると指摘している。特に青森県津軽地方の岩木川流域、南部地方の馬淵川・新井田川流域、秋田県米代川流域に濃密に分布するようである（図63）。

前期では石狩町上花畔《かみばんなぐろ》遺跡から円筒下層a式が出土しており、少ないものの道南地方でも同時期の遺跡が散見される。前期の遺跡は圧倒的に青森県に多く分布していることからも青森県が文化圏の中心であることが明らかである。中期では円

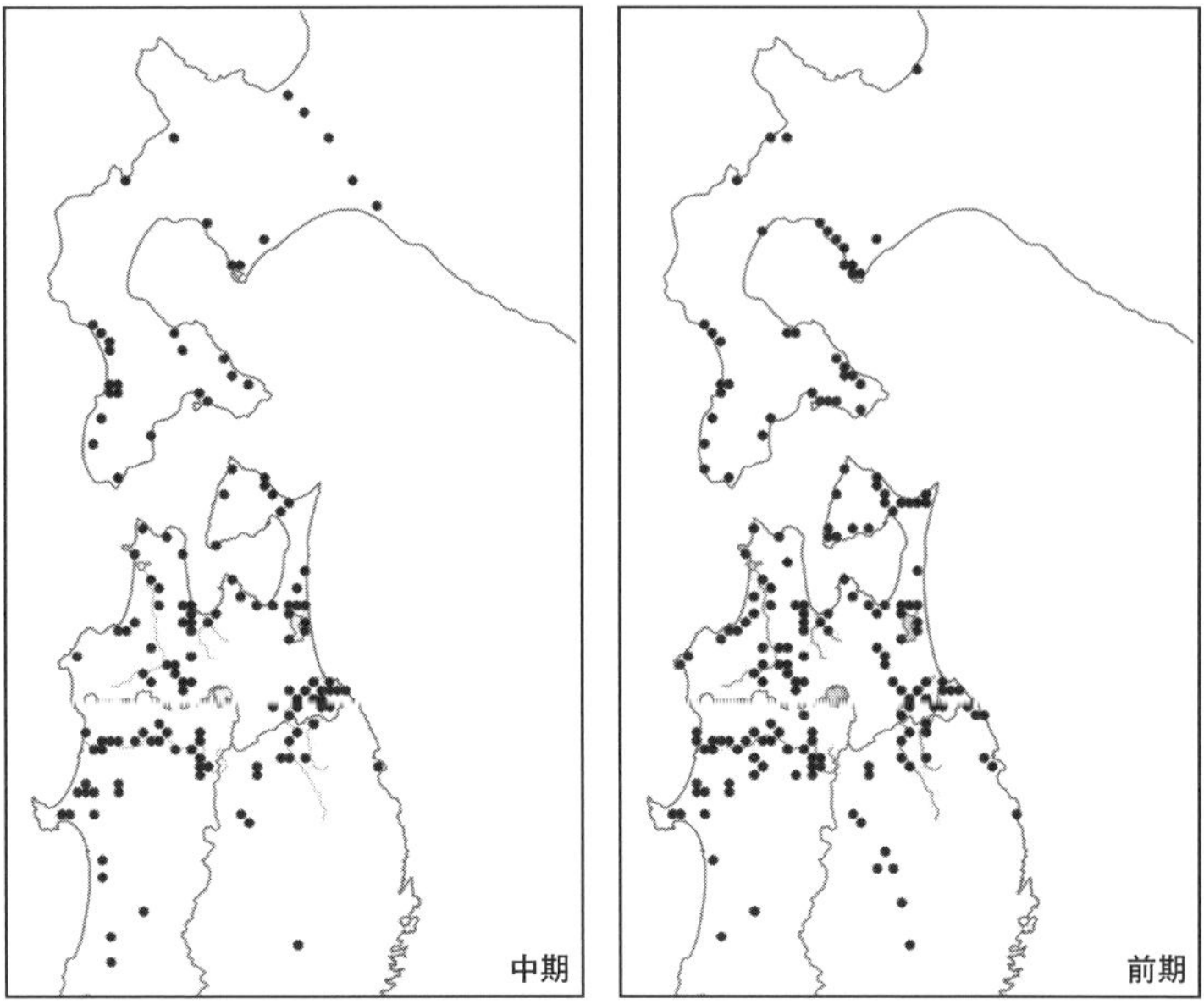

図63　円筒土器文化の主な遺跡分布図

筒上層d・e式が噴火湾沿岸の遺跡から、本州では岩手県南部や三陸地方からも出土している。このことは前期に青森県で成立した円筒土器文化が、時代が新しくなるにつれて中期にはその文化圏を拡大したことを示している。

なお、北陸地方能登半島の真脇遺跡や朝日貝塚からは前期末の円筒下層d1・d2式の影響が認められる土器が出土しており、また、北海道礼文島上泊3遺跡からは円筒上層d式の影響が認められる土器が出土している。これらは主たる文化圏から大きく離れた場所での出土であって、基本的には在地の土器に比較してあくまでも客体であることに注意する必要があり、ただちにこれらの遺跡を含む広域の文化圏の設定とはならない。

特に前期末はヒスイなど遠隔地との交流・交易が始まる時期であり、前期後半には大木式土器の影響が北上する時期でもある。

円筒土器文化圏はそれ以前の土器文化圏や以降の十腰内式土器文化圏や亀ケ岡式土器文化圏と基本的には同じであり、縄文時代全般はもちろん弥生時代や古墳時代、あるいは古代以降も一貫して同じ文化圏を形成してきた注目すべき地域であることを富樫泰時（元秋田県教育委員会）は指摘している。

3　年代と土器型式

山内により位置づけられた前期の下層式、中期の上層式については土器の細分がより進んでいる現在においても変わってはいないし、村越編年についても修正する状況にはない（図64）。しかし、広域に見た場合、たとえば北陸地方の中期の朝日下層式は前期末の円筒下層ｄ１・ｄ２式の影響を受けたとされており、前期と中期の境界の設定の問題もあり、広域編年では若干のずれがあるなどの課題も見られる。

三内丸山遺跡では、円筒土器の各型式が整然と出土する盛土の微細炭化物や土器付着炭化物のＡＭＳによる放射性炭素高精度年代が辻誠一郎や青森県教育委員会によって重点的に行われてきた。それによると円筒下層ａ式の開始は五二〇〇～五一〇〇ＢＰ頃であり、ｂ式の開始は四九〇〇～四八〇〇ＢＰ頃となっている。また、円筒上層ａ式の開始は四七〇〇～四六〇〇ＢＰ頃であり、円筒土器の終焉にあたる上層ｅ式の終わりは四三〇〇ＢＰとなっている。円筒土器の範疇には入れないものの、後続する榎林式（大木８ｂ式併行）は四三〇〇～四一〇〇ＢＰ頃の間と考えられ、最花式（大木９式併行）の開始は四一八五～三九九五ＢＰ頃、大木10式併行の開始は四〇〇〇～三八〇〇ＢＰ頃であること示している（図65）。

前期

中期

図64　円筒土器

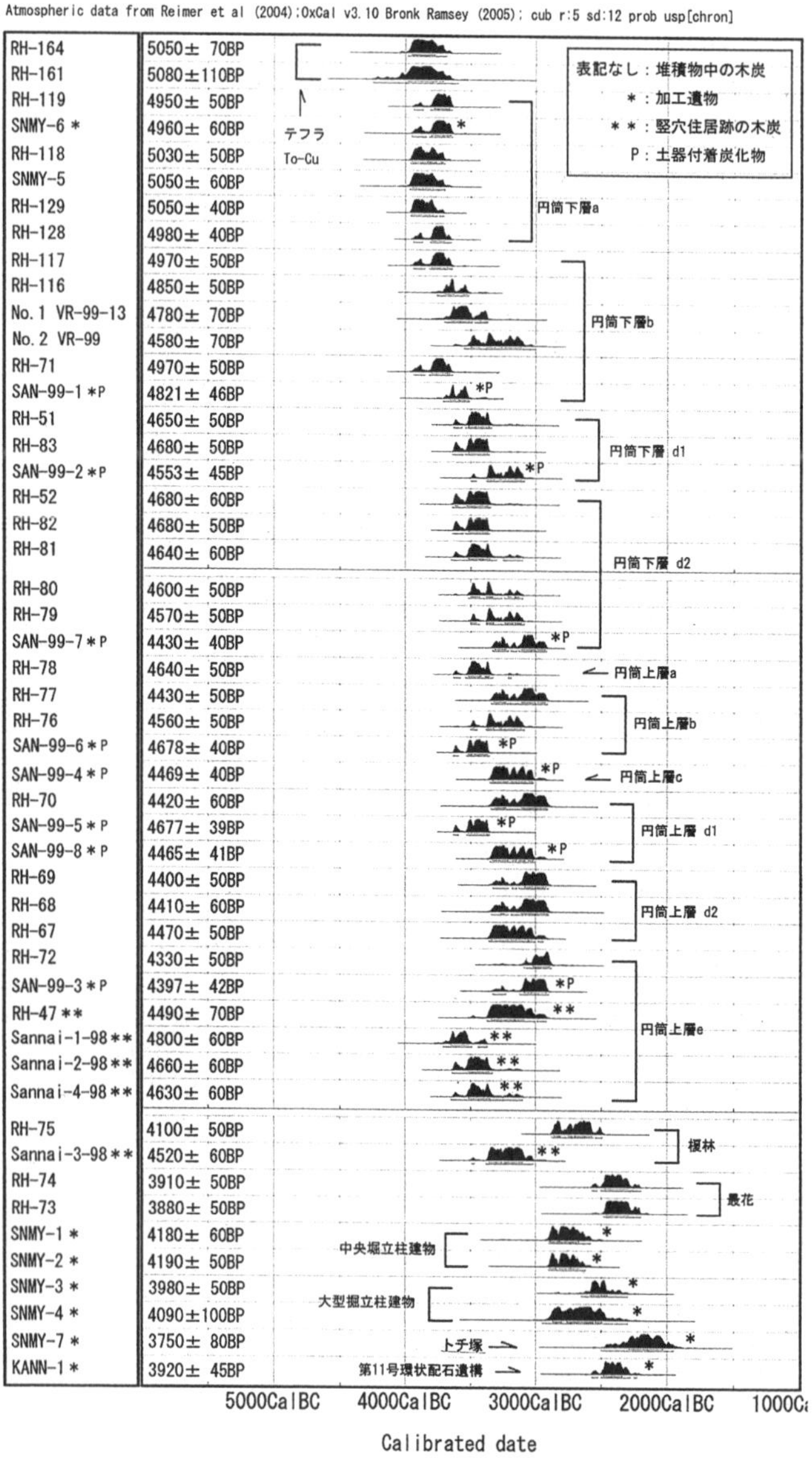
Atmospheric data from Reimer et al (2004);OxCal v3.10 Bronk Ramsey (2005); cub r:5 sd:12 prob usp[chron]
表記なし：堆積物中の木炭
＊：加工遺物
＊＊：竪穴住居跡の木炭
P：土器付着炭化物
RH-164 5050± 70BP
RH-161 5080±110BP
テフラ To-Cu
RH-119 4950± 50BP
SNMY-6 ＊ 4960± 60BP
RH-118 5030± 50BP
SNMY-5 5050± 60BP
RH-129 5050± 40BP
RH-128 4980± 40BP
円筒下層a
RH-117 4970± 50BP
RH-116 4850± 50BP
No.1 VR-99-13 4780± 70BP
No.2 VR-99 4580± 70BP
RH-71 4970± 50BP
SAN-99-1 ＊P 4821± 46BP
円筒下層b
RH-51 4650± 50BP
RH-83 4680± 50BP
SAN-99-2 ＊P 4553± 45BP
円筒下層 d1
RH-52 4680± 60BP
RH-82 4680± 50BP
RH-81 4640± 60BP
RH-80 4600± 50BP
RH-79 4570± 50BP
SAN-99-7 ＊P 4430± 40BP
円筒下層 d2
RH-78 4640± 50BP
円筒上層a
RH-77 4430± 50BP
RH-76 4560± 50BP
SAN-99-6 ＊P 4678± 40BP
円筒上層b
SAN-99-4 ＊P 4469± 40BP
円筒上層c
RH-70 4420± 60BP
SAN-99-5 ＊P 4677± 39BP
SAN-99-8 ＊P 4465± 41BP
円筒上層 d1
RH-69 4400± 50BP
RH-68 4410± 60BP
RH-67 4470± 50BP
円筒上層 d2
RH-72 4330± 50BP
SAN-99-3 ＊P 4397± 42BP
RH-47 ＊＊ 4490± 70BP
Sannai-1-98 ＊＊ 4800± 60BP
Sannai-2-98 ＊＊ 4660± 60BP
Sannai-4-98 ＊＊ 4630± 60BP
円筒上層e
RH-75 4100± 50BP
Sannai-3-98 ＊＊ 4520± 60BP
榎林
RH-74 3910± 50BP
RH-73 3880± 50BP
最花
SNMY-1 ＊ 4180± 60BP
SNMY-2 ＊ 4190± 50BP
中央堀立柱建物
SNMY-3 ＊ 3980± 50BP
SNMY-4 ＊ 4090±100BP
大型掘立柱建物
SNMY-7 ＊ 3750± 80BP
トチ塚
KANN-1 ＊ 3920± 45BP
第11号環状配石遺構
5000CalBC
4000CalBC
3000CalBC
2000CalBC
1000C
Calibrated date

図65　年代測定一覧

一般に一土器型式の継続する時間幅はおおよそ一〇〇年程度と考えられているが、年代測定の結果ではその時間幅が一定とは限らず、長いものでは三〇〇年程度、短いものでは一〇〇年未満のものもある可能性がきわめて高いことを示唆しており、一土器型式の時間幅はもちろん、そもそも型式とはどのような意味を持っているのか、考える必要がある。

今後、さらに年代測定の結果が蓄積されることにより、より詳細な集落変遷や広域編年が可能になるであろう。

4　土器編年の問題点

円筒土器の編年では、円筒土器の成立と終焉については長年の課題がある。成立と終焉についてはどちらも東北南部を中心に分布する大木式土器の影響を受けていることは確実で、大木式の編年や細分とも関係する問題でもある。

まず、成立については下層a式の内容を明らかにする必要があるとともに、b式との分類基準の問題がある。当初山内によって型式設定された段階においても、その根拠となる基礎的な資料がしばらく公開されていなかったこともあって、内容が不明確なまま取り扱われ、研究者によって、その理解が大きく異なってきた。

また、両型式が層位的に明確な上下関係をもって出土した遺跡がないこともあって、その混乱に拍車をかけることともなった。したがって、下層式前半の土器が出土してもそれぞれ分離されることなくa式・b式と一括して発掘調査報告書へ記載され、また、研究者の理解不足から誤った記載がされることも少なくなかった。しかしながら、昭和六十年代以降、良好な資料が増加し、この問題についての研究が大きく進展した。

終焉については、江坂は当初上層f式を設定し、円筒土器文化のなかで理解しようとしたものの、村越は上層f式を円筒土器とは見なさず、上層e式を円筒土器の最後に位置づけた。この考えは現在でも支持されているが、上層e式以降の榎林式（大木8b式併行）への変遷過程が十分に解明されていないこともあって、結論に至っているわけではない。

土器そのものでどこまで文化を規定できるのか、他の遺物や遺構などの要素についても土器編年のような詳細な変遷が把握できる現在では、総合的に見ることが十分に可能な状況にあり、円筒土器文化そのもののが設定可能かどうか、検証する段階にきているものと考えられる。

他にも、前述したように下層d2式の年代的位置づけの問題がある。下層d式を細分する形でd2式が型式設定された経緯もあり、前期末の年代観を与えられてきた。さらに上層a式を中期初等に位置づけてよいのかという問題も依然として残されている。広域編年では、下層d2式は北陸の中期初頭の朝日下層式と併行することがほぼ確実である。土器そのものを見ても、含まれる繊維の減少、口縁部より垂下する隆帯の出現など、どちらかといえば中期的な特徴が見られる。また、この時期より土偶が多くなることや竪穴住居に見られるベッド状施設の出現など、前期には見られない特徴が認められる。大木式との併行関係についてはさらに整理が必要であるが、下層d2式を中期初頭に位置づけることは十分に可能であることを指摘しておきたい。

（一）下層a式とb式の分類基準

両者の関係を考える上で良好な資料は確実に増

加し、今後、問題意識をもって調査される遺跡もさらに増えてくることが期待される。

三内丸山遺跡の発掘調査では両者の分類基準や変遷について層位的に確認されている。第６鉄塔地区では、前期中葉の遺物包含層は低湿地であり、前期末以降の上層は盛土となっており、円筒土器全型式が出土している。調査を担当した小笠原雅行（青森県教育委員会）によると、下層ａ式・ｂ式は上から第Ⅴｂ層、第Ⅴｃ層、第Ⅵａ層、第Ⅵｂ層の各層から出土し、その特徴を見ると漸移的な変化を示しており、このような状況が下層ａ式とｂ式の区分を困難にした大きな要因であると指摘している。

具体的には主に①口縁部文様帯に結節回転文、胴部に斜行縄文施文、②口縁部文様帯に結節回転文＋単軸絡条体の混在、胴部に縦走縄文＋単軸絡条体１類、③口縁部文様帯は単軸絡条体主体、胴部も単軸絡条体１類が主体、の変遷となり、②の段階で口縁部文様帯が確立、分化したという。つまり、第Ⅴｂ層は下層ｂ式の新段階、第Ⅴｃ層は典型的な下層ｂ式、第Ⅵａ層・第Ⅵｂ層ともに下層ａ式であるが、第Ⅵａ層については下層ｂ式への過渡的な様相を示すものとした（図66）。

なお、従来下層ａ式・ｂ式の分類基準としてきた、底部への縄文施文や口縁部文様帯の隆帯は適切ではないこともあらためて指摘していることは重要である。

このような傾向はすでに三宅徹也も指摘していることであり、三内丸山遺跡の調査はそれを層位的に追認するものであった。函館市八木Ａ遺跡や戸井貝塚、つがる市田小屋野貝塚の調査でも同様のことが指摘されている。

下層ａ式・ｂ式の分離は工藤大（元青森県教育委員会）が指摘しているように、山内による型式

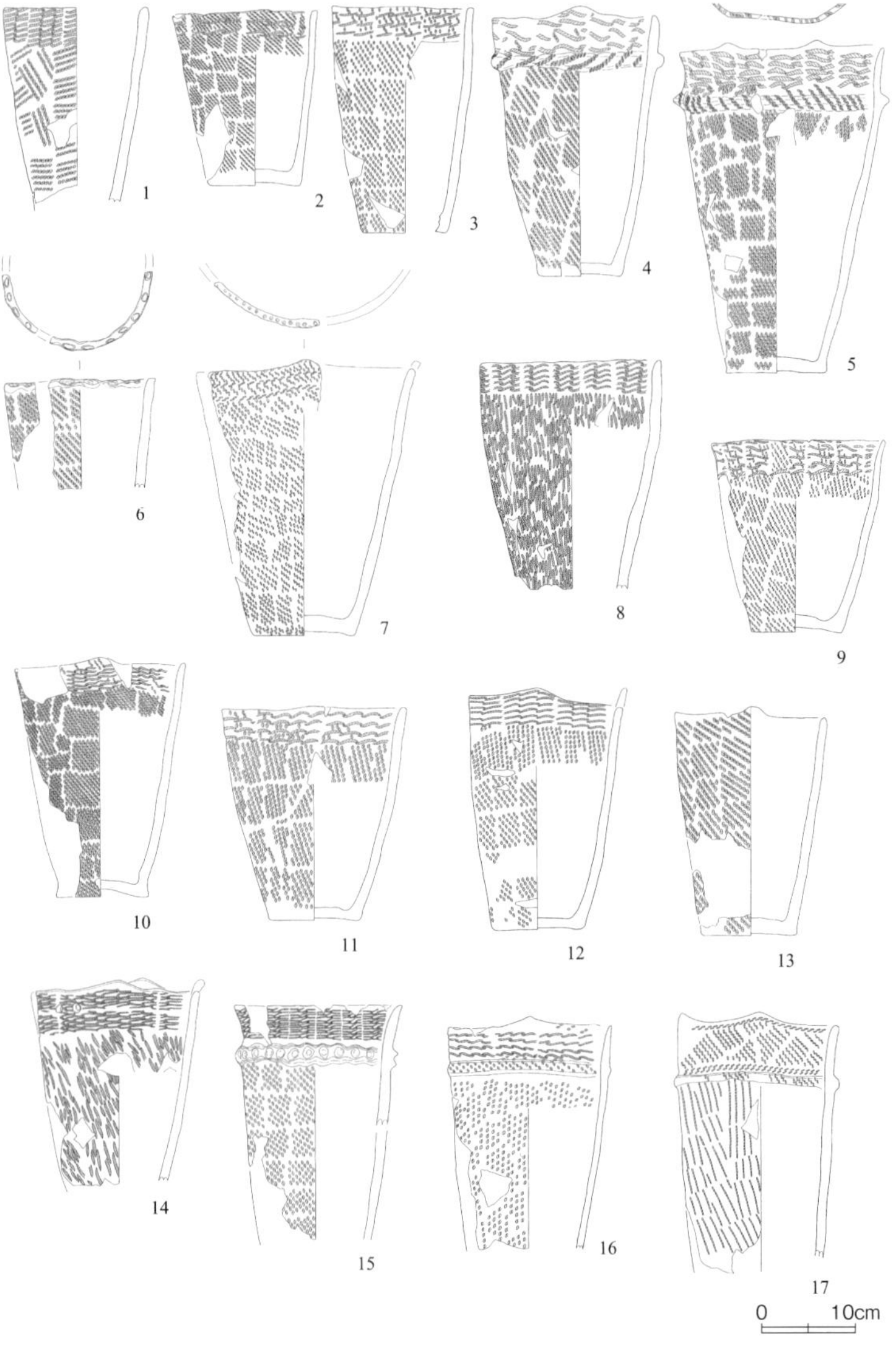

図66　前期の土器

設定の際に口縁部文様帯に施文される結節回転文に着目し二分されたもので、もともとはきわめて一体性の強い土器である。層位的に明確な上下関係をもって出土する例が少ないことも影響し、曖昧なまま現在に至っており、新たな要素や属性の有無といった観点での分類ではなく、山内が指摘しているように型式は比率の変化であるということに留意して分類することが現段階では有効である。

(二) 円筒土器の成立

下層a式は口縁部文様帯に結節回転文を施文する土器群であるが、このような手法は大木式からの移入であると工藤大は指摘している。さらに青森県階上町白座《はくざ》遺跡においては結節回転文と縄の側面圧痕と併用する例があり、これについては在来的な手法であるともしている。下層a式前半は口縁部文様帯も狭く、結節回転文も二～三条巡らしていたものが、下層a式後半には器形の長胴化にともない、口縁部文様帯も広くなり、施文文様も多様となる。この段階をもって大木式の影響から分離されるとともに、下層b式以降の在来的な縄の側面圧痕を多用することでいわゆる円筒土器様式が確立するものといえる。

しかしながら、円筒土器成立直前の早稲田六類や芦野Ⅱ群、深郷田式土器、いまだその編年的位置づけが明確ではない発茶沢（2）遺跡出土の結節回転文施文土器との関連性についてはさらに検討する必要がある。

ただ円筒土器の最大の特徴である、口径と底径の差が少ない器形は下層a式になって見られるものであり、この特徴が出現する当該型式をもって円筒土器の成立とすることについては基本的に正しいものと理解できる。

表2　大木式との平行関係

時期	円筒土器	大木式土器
前期		大木1式
	円筒下層a式	大木2式
	円筒下層b1式	大木3式
	円筒下層b2式	大木4式
	円筒下層c式	大木5式
	円筒下層d1式	
	円筒下層d2式	大木6式
中期	円筒上層a式	大木7a式
	円筒上層b式	大木7b式
	円筒上層c式	
	円筒上層d式	大木8a式
	円筒上層e式	
	榎林式	大木8b式
	最花式	大木9式
	大木10式併行	大木10式

(三) 大木式との併行関係

円筒土器と大木式土器との併行関係について、発掘調査で確認された共伴関係としては前期の下層a式ではきわめて少ない。白座遺跡では下層a式と大木2a式の特徴をもつ土器が一緒に出土し、ほぼ同時期と考えられている。下層b式では秋田県上ノ山Ⅱ遺跡で大木4式と、下層d式と大木6式の併行関係が確認されている。中期では上層b式が岩手県西曽根遺跡で大木7b式と、上層c式は岩手県古館遺跡では大木7b式と、上層d式は岩手県西田遺跡で大木8a式と併行することが確認されている(表2)。

これまで前半の下層a式との併行関係については大木1式、2a式、2b式などと併行する諸見解が示されているものの、確定はしていない。下層b式以降、上層e式までの併行関係については土器型式の認定の問題もあって細部では違いが見られるものの、大筋では矛盾のないものとなっている。

なお、北海道南部では複数の土器型式が同一の竪穴住居から共伴する例が知られている。蛇内遺跡では上層b式・c式・d式が、森越遺跡や権現台場遺跡では上層b式・c式が、オバルベツ遺跡では上層b式・c式・d式が確実に共伴して出土している。このような複数の土器型式が同時存在する事例は本州では確認されていない。このことは、土器の型式変化が道南と本州では時間差があることを示しており、土器型式の情報発信源と受容先とがあることが考えられる。時期ごとの遺跡分布を見ても、円筒土器は青森県を中心に成立したことはほぼ確実であり、なぜ北に向かった情報のみにこのような現象が見られるのか興味深い。少なくとも中心（核）地域と外縁部では土器型式の変化、情報の変化に時間差が生じていることは間違いない。

5　円筒土器文化の特徴

(一) 集　落

縄文文化では関東地方を中心に、中央の空閑地（広場）を中心として竪穴住居、墓、貯蔵穴、掘立柱建物などが同心円状に配置される環状集落が一般的とされ、小林達雄はそれを縄文モデル村とよんでいる。しかし、円筒土器文化圏ではこのような環状集落は確認されていない。前期の円筒土器文化の前半にあたる円筒下層ａ・ｂ式期では、青森市熊沢遺跡などでは住居域と墓域の区画が明瞭ではなく、貯蔵施設も住居の近くに配置される。この段階では拠点集落とされる大規模で継続期間の長い集落はないようである。

前期末の円筒下層ｄ式期あたりから円筒土器文化特有の列状、直線状の施設配置が見られるようになる。このような集落を円筒モデル村と小笠原雅行は呼称している（図67）。少なくとも円筒土器文化の中盤以降、拠点集落で顕著となり、基本的には大木式土器文化の北上及び円筒土器文化の衰退とともに見られなくなるものの、施設の列状配置は一部地域では最花式まで継続するようである。

円筒下層式期の直線状配置のムラ（模式図）

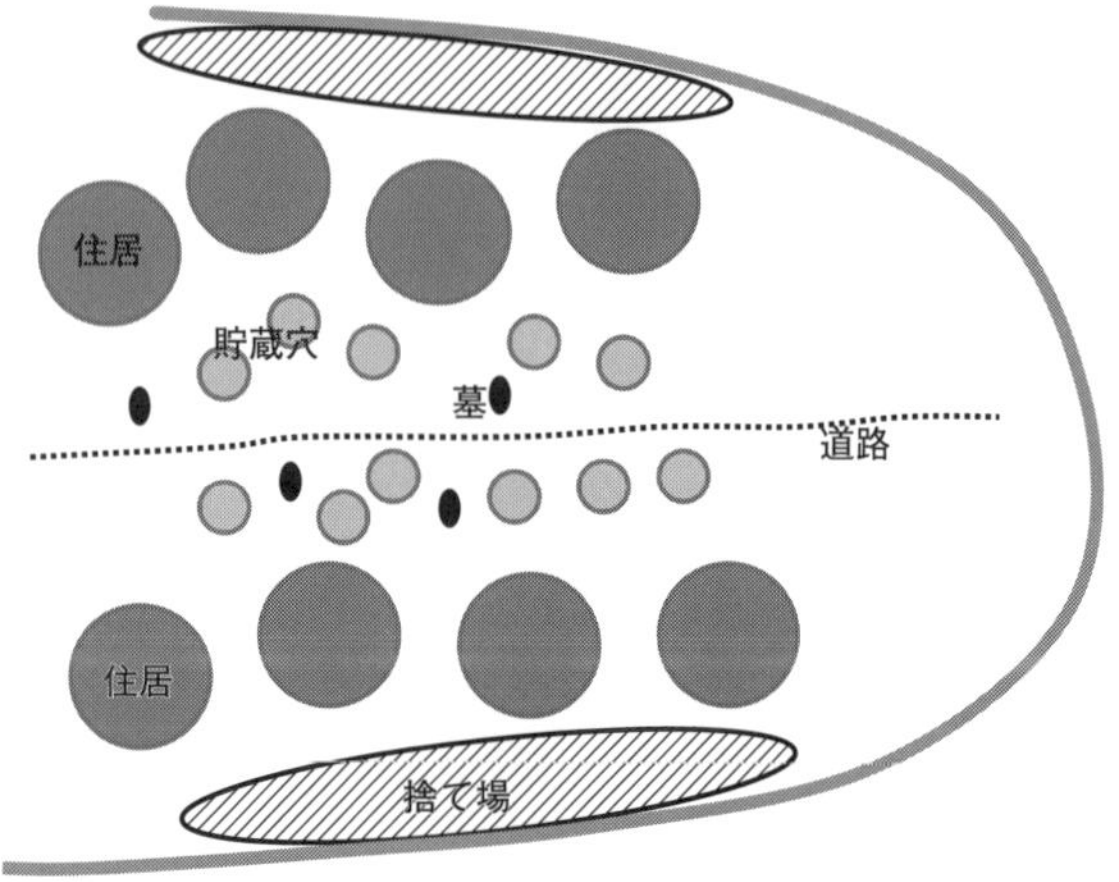

尾根筋を境に貯蔵穴や竪穴住居が列状に並び、斜面下部には
捨て場（墓は貯蔵穴がつくられる範囲に混在する）

円筒上層式期の直線状配置のムラ（模式図）

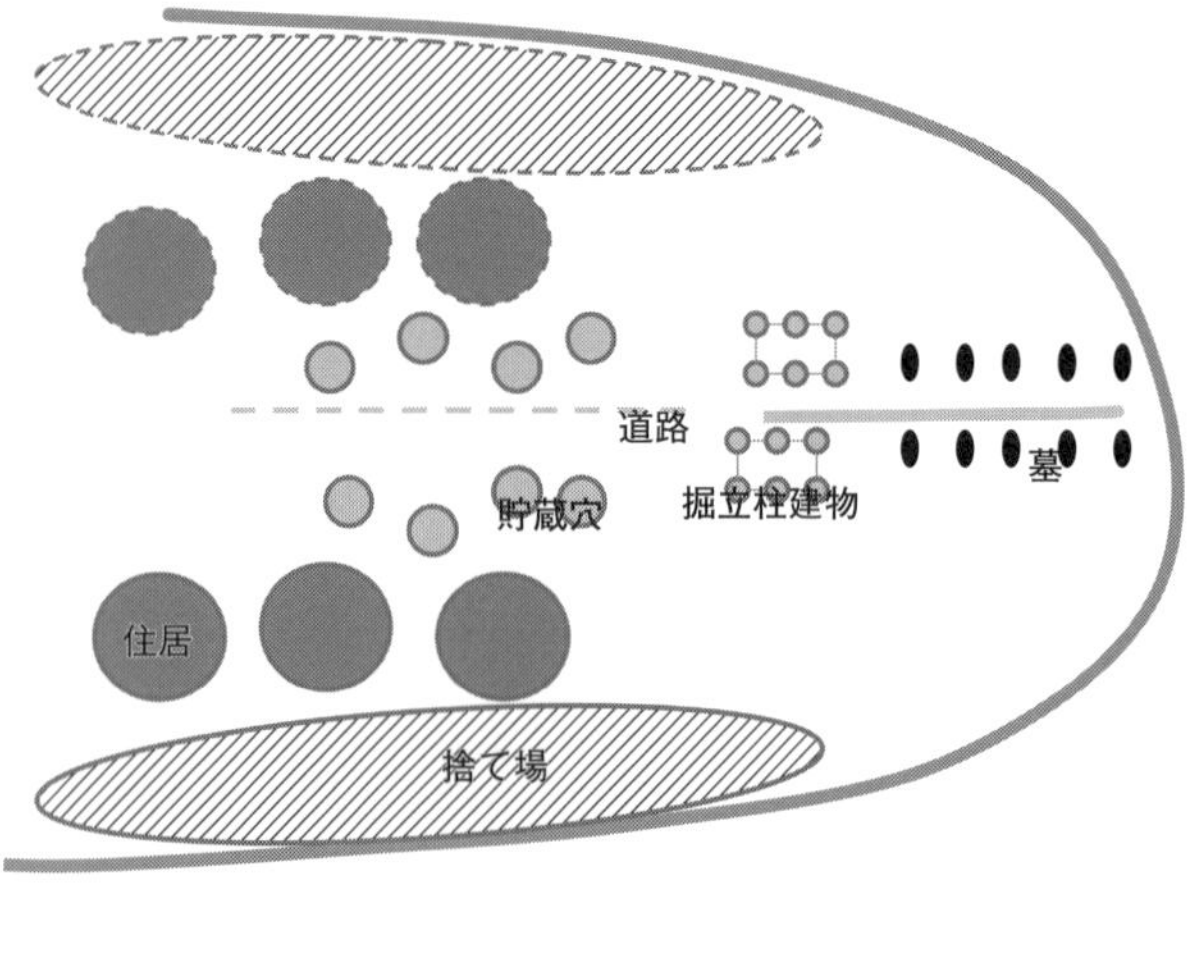

尾根筋に沿って墓（間に道路があることも）、掘立柱建物が加わる、
片側だけに遺構が広がる場合も、大型住居など公共的施設の区域も

図67　円筒モデルムラ

図68　列状配置のムラ（山田（2）遺跡）

前期後半の青森市新町野遺跡では、丘陵の尾根筋に沿って、竪穴住居と貯蔵穴が直線状に配置されている。青森市稲山遺跡では、尾根筋の両側に竪穴住居と貯蔵穴が並び、貯蔵穴のなかには墓坑も混在しているようである。中期初頭の八戸市笹ノ沢（3）遺跡も稲山遺跡と同じような配置で、尾根筋を挟んで竪穴住居と貯蔵穴が二列に並んでいる。これらは斜面の傾斜を無視して配置されており、強く列状を意識したものと理解できる。同じく中期前半の外ヶ浜町山田（2）遺跡では、空閑地を挟んで両側に竪穴住居と貯蔵穴が並ぶ（図68）。

列状配置の典型例として三内丸山遺跡の墓がある。遺跡北側では台地中央を貫く道路の両側に配置され、その延長上の集落中央部には掘立柱建物が並ぶ。南盛土の西側でも道路の両側に掘立柱建物が並列する。いずれも中期である。七戸町の二ツ森貝塚では、部分的ではあるものの列状に並ぶ墓が見つかっている。

(二) 墓　制

墓は当時の社会や死生観を知る上で重要な遺構であり、形状はもちろん、副葬品の有無や種類、人骨の形質的な特徴、集落内における墓地の占地などについての情報は貴重である。円筒土器文化においても、他の縄文遺跡に一般的に見られるように、基本的に大人は楕円形ないしは小判形の土坑墓に埋葬される。

三内丸山遺跡では、このような土坑墓の他に、土坑墓の周囲に小型の円形に石を並べた環状配石墓が検出されている。これら以外にも貯蔵穴とほぼ同じ形状の円形の土坑から、副葬品と思われる完形の土器や装身具が出土する場合があり、墓としての機能が考えらる。これまでの発掘調査では五〇〇基ほどの土坑墓が確認され、遺跡全体でも一〇〇〇基近くもあるものと思われる。

環状配石墓は現在のところ二二基確認されており、土坑墓にくらべて数が非常に少なく、場所もムラの中心部から南西側の限定された範囲に見られる。環状配石墓からの副葬品は石鏃が一点出土した例があるものの、他の土坑墓と同じように副葬品は少ない。また、赤色顔料が見つかった墓が一基だけある。埋葬施設では墓坑の壁際の溝から炭化したクリの板材が見つかり、遺体を板材で囲んだ「木棺（木郭）墓」の可能性が考えられている。環状配石墓から出土した炭化物の高精度年代測定を実施したところ、集落の最盛期に近い時期に集中しており、限定された時期に構築されたと考えられる。

三内丸山遺跡では前期末の土坑墓は確認されているが、集落出現期である前期中葉の墓は南盛土

図69　石江遺跡の土坑墓副葬品

の下部から一基確認されているのみで、大半は中期に形成された盛土に覆われているものと考えられる。しかし、前期の墓制については新幹線建設にともなう周辺遺跡の調査によって明らかになっている。三内丸山遺跡の北、約一キロに位置する石江遺跡では、道路跡に沿って並んだ土坑墓が見つかっているが長軸はかならずしも揃わない。土坑墓のなかには多数の副葬品をもつものがある。墓坑底面から石鏃が一〇点以上副葬された墓があり、向きを揃え折り重なるように出土した。矢柄は残っていないものの結束されていた可能性が高い。最多の七九点の石鏃が出土した墓では堆積土中に散在しており、大型の磨製石斧も伴出した。

　最も副葬品の種類が多い土坑墓では、アスファルト入りの土器、石鏃一〇点、磨製石斧三点、石槍、石匙などが出土した（図69）。アスファルトの副葬例としては最古のものである。狩猟の道具

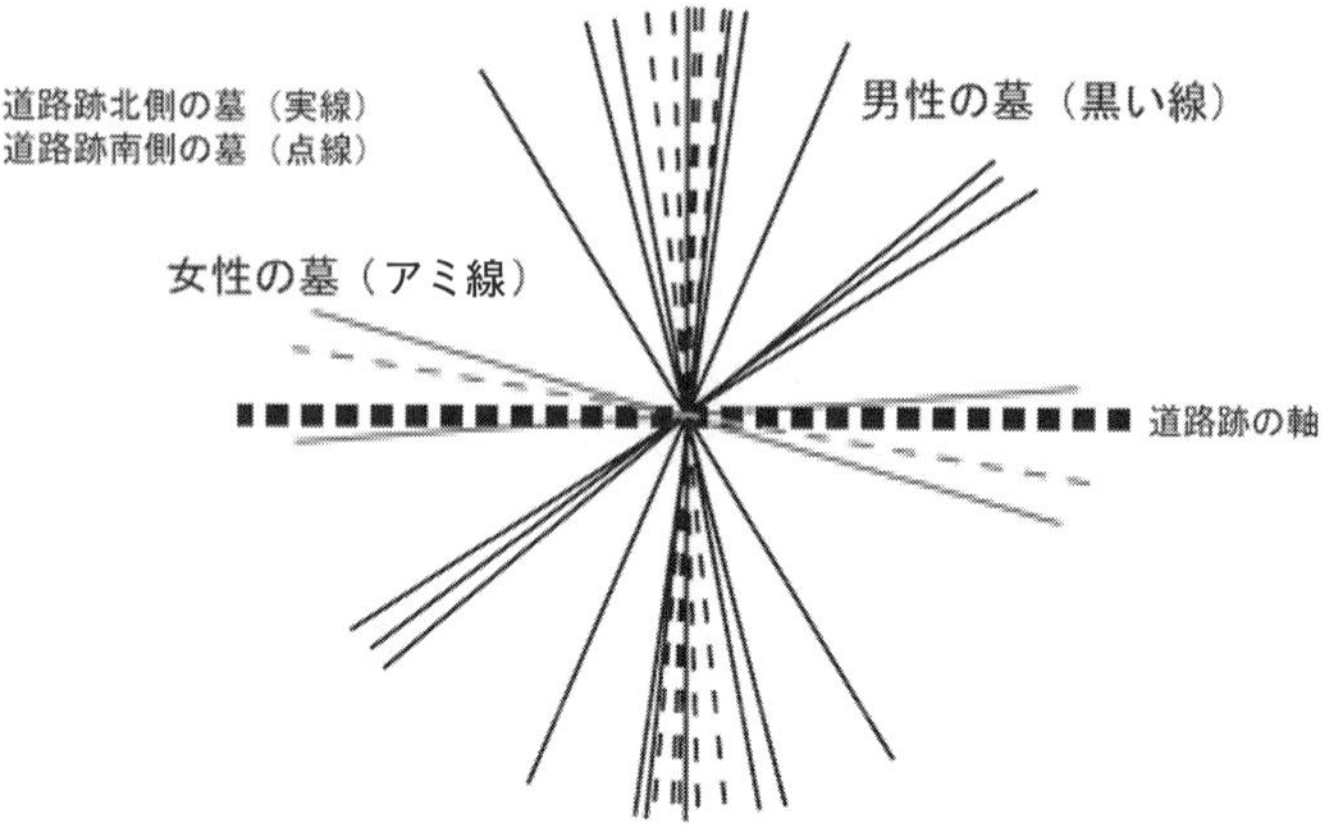

図70　副葬品が出土した土坑墓の主軸方向（石江遺跡）

である石鏃や石槍、伐採や加工用の石斧などは男性の所有物をイメージさせる。墓の向きが異なるもう一群には、調理道具である磨石や敲石などが副葬されており、女性の墓の可能性が高い。したがって軸の向きの違いは、性差を示しているものと小笠原は考えている（図70）。同時期のこのような例は、青森市南部の新町野遺跡や青森市東部の稲山遺跡からも見つかっている。

円筒土器文化では、前期と中期の墓制の違いも明らかとなっている。形状には大きな違いがないものの長軸の方向に違いがある。中期の三内丸山遺跡では大きな軸の向きの違いがなく、基本的に道路の両側に配置され、しかも道路と直交する。それぞれの列には、狩猟道具が副葬された男性と思われる墓もあれば、調理道具が副葬された女性と思われる墓もあり、列による性差はないものと考えられる。また、中期では前期にくらべ極端に

図71　古屋敷貝塚人骨出土状況

多数の副葬品が入れられる墓が少なく、三内丸山遺跡では石鏃が一〇点出土したのが最多である。このような違いは、社会の変化を反映しているものと理解される。墓をつくる規制が一層厳密になるとともに、副葬品が極端に多い例は埋葬される対象の人々がより広くなったためかもしれない。

貯蔵穴を転用した土坑墓もあり、前期の岩手県二戸市上里遺跡では七体の人骨が竪穴住居の床下の貯蔵穴から見つかっている。形質分析から夫婦と子供四人、子供か夫の妹とみられる大人の人骨で、当時の家族構成を考える上で重要である。八戸市畑内遺跡では前期の貯蔵穴三基から人骨が見つかり、うち二基は一体ずつで、もう一基は四体の人骨が出土した合葬墓である。東北町古屋敷貝塚では前期の貯蔵穴で、ホタテガイや動物骨、魚骨を敷いた上に横臥屈葬の女性が埋葬され、上にもホタテガイが置かれていた（図71）。

竪穴住居の数やムラの規模から見て、前期の石江遺跡や中期の三内丸山遺跡にしても、墓の数は必ずしも多くはなく、すべての人が土坑墓に埋葬されたとは考えられない。また、石江遺跡ではきわめて希少であったアスファルトが副葬されるなど、被葬者として特別な立場の人間を考えなければならず、集落の構成員すべてが死後に埋葬された可能性は低い。しかも中期では、すべてのムラに墓地や土坑墓があるわけではなく、主に拠点集落に見られる傾向がある。階層社会の是非はともかく、少なくとも社会的な不平等の存在は確実なのではなかろうか。

(三) その他の遺構

盛土

北海道南部から北東北にかけて、縄文時代前期から中期の円筒土器文化期に検出例が増加する。県内でも三内丸山遺跡（青森市）、二ツ森貝塚（七戸町）、石神遺跡（つがる市）など、規模が大きく、存続期間も長い、地域を代表するような拠点的集落から見つかる場合が多い。

盛土と類似した性格の遺構に貝塚がある。盛土も貝塚も、人びとが生活を営んだ際に生じたゴミなどの不要物を、一定の場所に継続的に廃棄した場所である。しかしそれだけではなく、貝塚からは人骨が出土したり、盛土から埋設土器（子供の墓）が多量に見つかることもあり、墓地としての側面もあったものと考えられる。

三内丸山遺跡の盛土からは、土偶や装身具、ヒスイ製大珠など、日常の生活道具ではないものが出土する。また、土偶の約八割が盛土から出土することから、単なるゴミ捨て場ではなく、アイヌ民族に見られるように、あの世へ送る、生活道具などは自然へ還すといった精神的・祭祀的な思いが込められた「送り」の場所であった可能性を岡村道雄や小林克は主張している。

縄文時代の盛土は長期間にわたって土を廃棄した結果でき上がったものであるが、その形成過程を詳細に知ることは盛土の性格を理解する上で必要不可欠である。盛土の調査では、複雑な地層がどのような順序で堆積したのか、正確にとらえる必要があり、遺物の出土状態に注意しながら、それぞれの地層のまとまりごとに土を掘り下げなければならない。層間には、時間的な断絶があることから、竪穴建物や墓の有無を確認するとともに時には土壌硬度計などの器具を用いての測定も必要である。地層に含まれる混入物は、廃棄の内容を知る貴重な情報源であり、たとえばローム塊が多く含まれているが、その形状は、角がとれて丸みのあるものや潰れているものなどさまざまである。これらは、堆積の過程で受けた物理的な営力にともなう摩滅、人為的な攪拌《かくはん》や踏みしめなどさまざまな要因を反映したもので、その形状と分布を整理することで、それぞれの地層がどのような状態で堆積してきたのか、手がかりを得ることができる。また、最近は土層を薄く切り取って固化させたものをX線写真で撮影し、土壌の構造を読み取る分析も行われている。

　盛土は、形成期間が長期にわたる場合も少なくなく、その性格を一義的にとらえることは困難な面があり、各地の事例を蓄積していくことが喫緊の課題である。

（四）遺　物

土器の作り方と使用方法　土器には多くの情報が含まれており、文様などのほかに材質や製作方法、使用方法などについても研究が進められている。

　土器の素地土については粘土採掘穴が確認されていることから、三内丸山遺跡では遺跡の立地する段丘を構成する褐色火山灰層の下方に堆積している白色粘土を利用していたものと考えられている。胎土分析の結果でも主要鉱物の組成は一致している。基本的には輪積みで作られるが、粘土紐の接着面の観察では外傾接合が多いことが小林正史らの研究によって指摘されている。

　また、円筒土器には火熱を受けた痕跡やスス・おこげなどが内外面に付着していることから、大

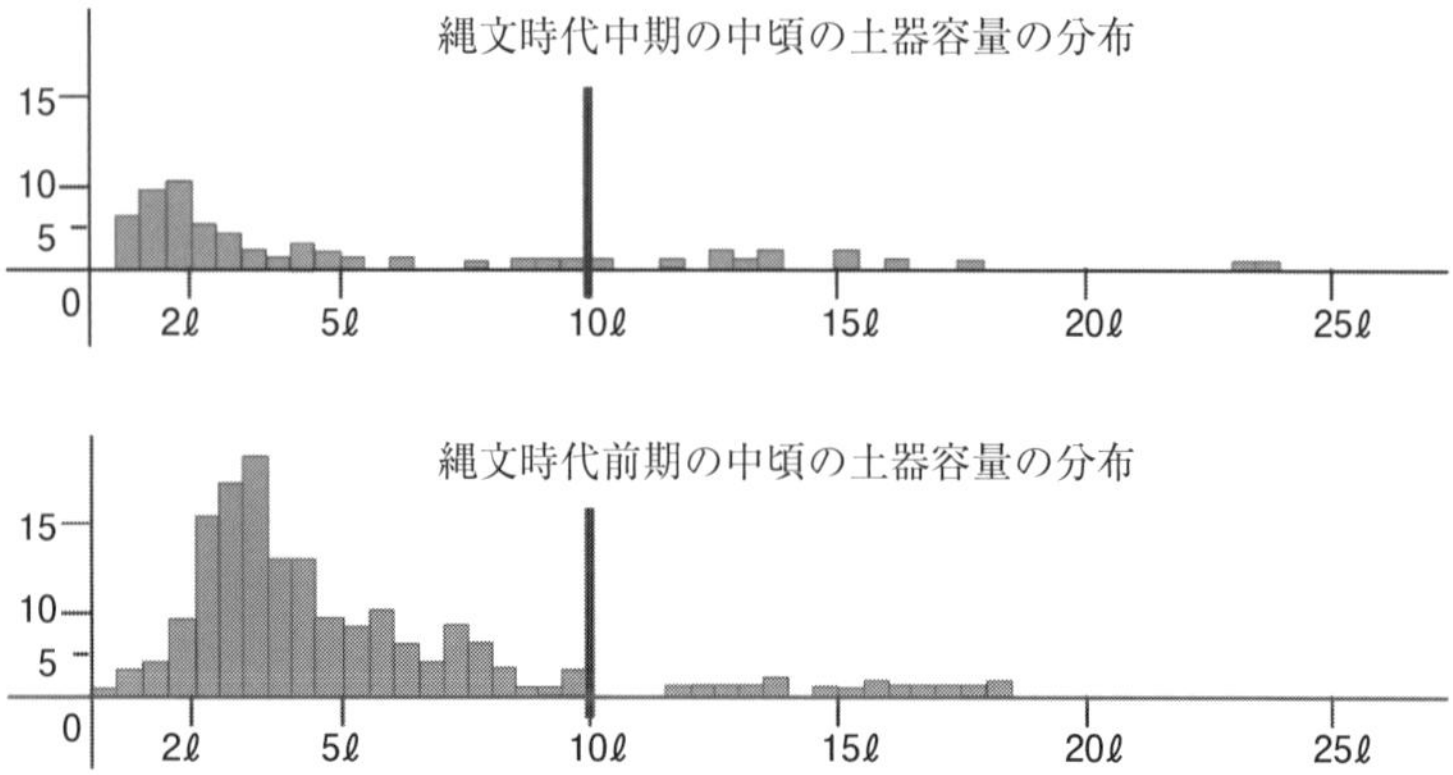

図72　縄文土器の容量比較

半は煮炊きに使用されていた。高さ二〇センチ～四〇センチの標準的な大きさの土器には、内面の底部付近におこげが付くことが多く、比較的低温の弱火で長時間煮込む調理方法（たとえばシチューのようなもの）が想定できる。高さ五〇センチを越える大形の土器にはススなどがあまり付着せず、使用頻度が低いことや（まつり等の特別な場で使用か）、堅果類や山菜などのアク抜き処理のための煮沸が考えられる。付着したおこげの分析では、炭化物に含まれる窒素同位体を利用した食性分析が有効であるが、三内丸山遺跡の土器の分析結果では海産物を煮たものが多い可能性が指摘されている。

土偶

土偶については第Ⅲ章（54頁～）で詳しく述べたが、ここでは円筒土器文化という視点からいま一度触れておく。

円筒土器文化の土偶は、板状で十字形をしていることから板状土偶や十字型土偶とよばれている。完品は非常に少なく、意図的に破壊し棄てられた可能性があることを小笠原雅行が指摘している。

小笠原は土偶の各部位を頭・左右の腕・胸・胴に分け、どのような破損状況であるかを観察した。それによると首と胴で横方向に、腕が縦方向に割れているものが多いことが明らかとなった（図73）。土偶の製作方法として、頭から足まで作り、その後に腕を付けていることがレントゲン写真等から判断されるため、腕の付け根が壊れやすいことは十分に考えられるものの、首や胴・腹で横に割れることについては説明できないとし、意図的に壊したものと考えている。一方で、一段高く貼り付け、はがれた顔をアスファルトで再接着したものも見られ、意図的に壊しているような規則性があるものの、逆に修繕している痕跡もあり、土偶の用途や目的を一面的にはとらえきれない複雑な事情があるとしている。

出土した土偶は大きさに幅があり、大・中・小に分けられる。

盛土の層位的な出土状況から、土偶の変遷についても小笠原によって把握されている。基本的には土器と同じ文様が土偶にも施文され、その変遷

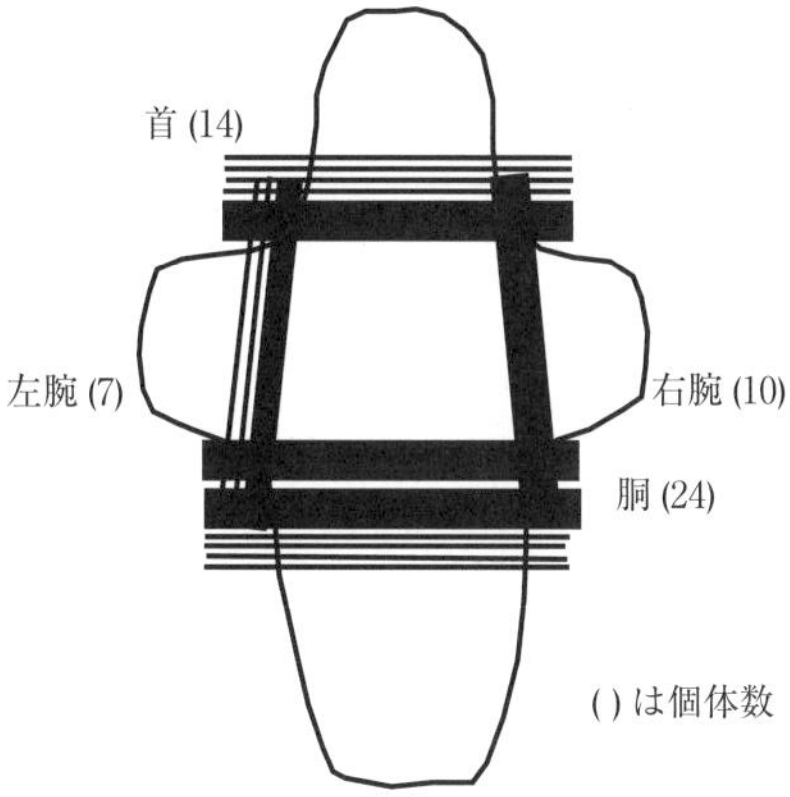

図73　土偶破損状況

図74　中期初頭の土偶

も同じであることが確認されている。前期前半には土偶は見られず、前期末の下層d2式期から少量見られるようになる。土偶が盛んに作られ始める中期初頭は、顔は胸の部分に表現される。腕は短く、体全体は逆三角形に近い。やがて、顔は本来の位置に表現されるようになり、一段高く表現されるものがしだいに主流となる。体全体では、頭から足先までの長さと両手先までの長さが同じぐらいの手裏剣のような形が現れ、さらに胴体が長くなり、人間の体のバランスに近いものへと変わる（図74）。

土偶が数多く出土する遺跡は拠点的集落であることが多いとされているが、大規模な集落であれば必ず多く見つかるわけでもなく、その多寡は、各集落の性格を反映しているものと考えられる。土偶の多い集落は、まつりや祭祀、儀式が盛んに行われていたムラであり、精神的な拠りどころだった地域の中心的なムラだったのではなかろうか。

石器の特徴と組成

石器組成は当時の生業を知る上で大きな手がかりとなる。しかしながら、現在各遺跡で示されている石器組成は形態や器種分類にもとづくものであって、かならずしも石器そのものの用途が特定されているとはいい難い。しかし、おおむね石鏃や石

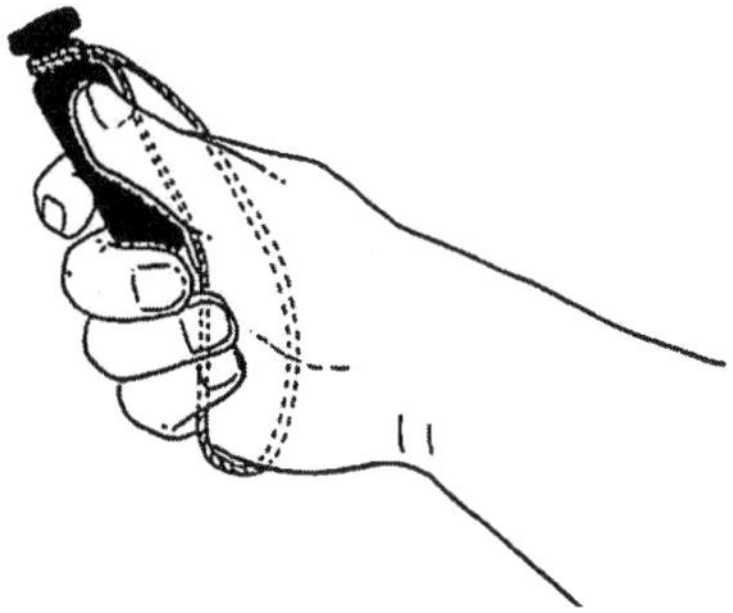

図75　石匙の装着図

槍などの狩猟具、石匙や石錐などの加工具、石皿や敲磨器類の調理具、石斧などの伐採具、その他剥片類などに大別できる。円筒土器文化圏では古くから前期の遺跡では石匙が他器種より多く出土することは知られていた。

　三内丸山遺跡の石器組成について羽生淳子は、円筒下層a式期では石匙の相対的出現頻度が最も高く、後続する円筒下層b・d式期や円筒上層a式期では石匙の出現頻度は減少し、石鏃・石匙・敲磨器類の三種がほぼ拮抗するとしている。その後、円筒上層b・c・d式期では敲磨器類の出現頻度がさらに増加し、全体の半数以上を占めるようになるものの、円筒上層e式期ではそれまでと異なり、石鏃の出現頻度が突出するようになり、この傾向は大木式土器の影響がより顕著となる中期後半から末葉にも共通するとしている。三内丸山遺跡の第6鉄塔地区の石器組成を分析した斎藤岳は、円筒下層a〜b式期には石匙が多く、円筒下層a式には石錐も多いことを指摘している。

　出土した石匙は珪質頁岩を用い、形状は縦型・斜型のものがほとんどであるが、横型も前期から少数見られる。打面を上にし、肥厚したバルブのところにつまみ部を作出する場合が多い。つまみ部には紐がかけられたと推定されており、川口潤（青森県埋蔵文化財調査センター）らは具体的な装着方法を提示している（図75）。直線的な側縁の一方を刃部とし、光沢などの使用痕が明瞭に観察され、刃部としない側円は緩やかな弧状ない

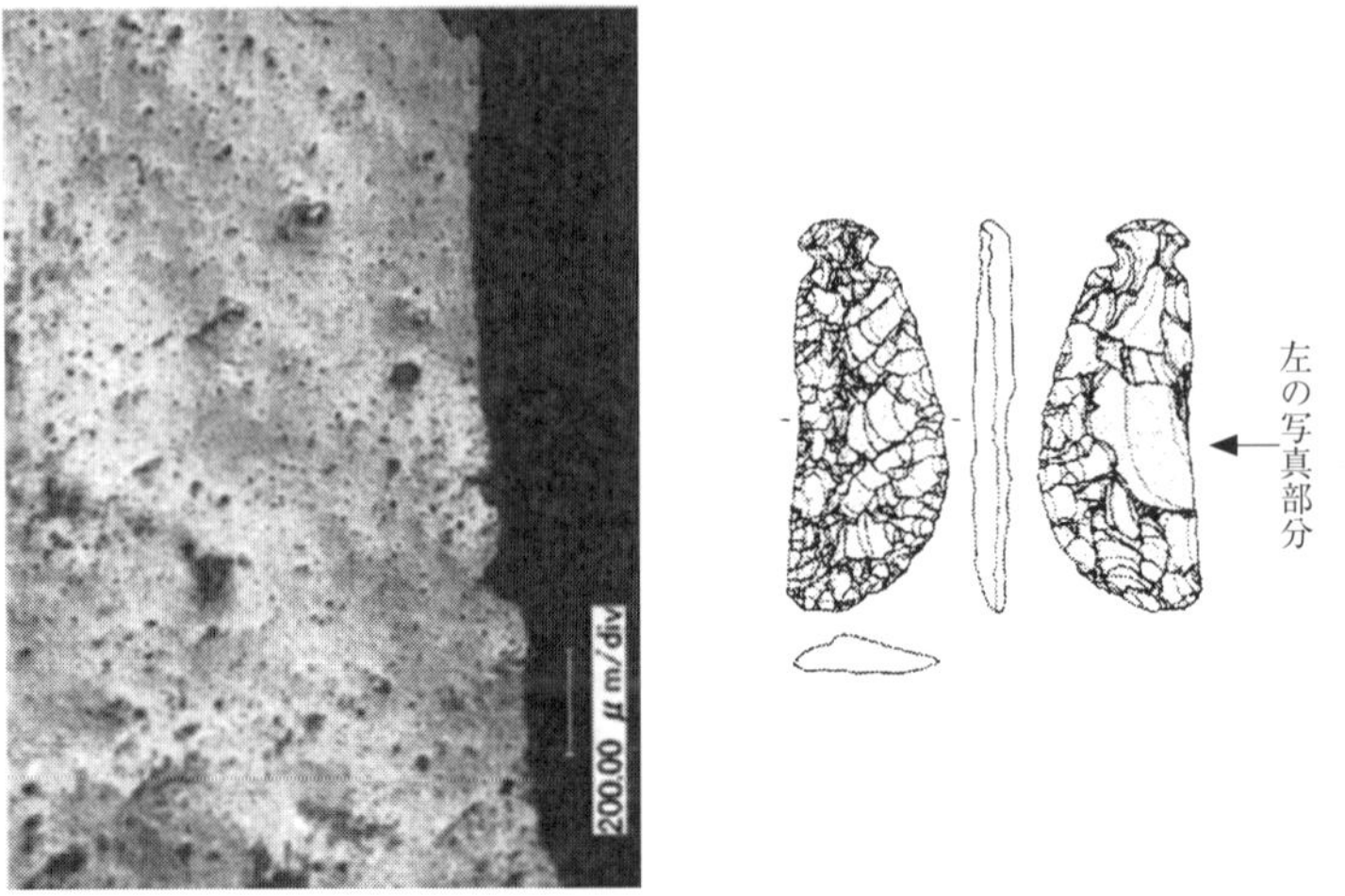

図76　石器の使用痕

しは婉曲するものが多い。まれに両側縁に使用痕が認められるものもある。使用痕研究に詳しい高橋哲（青森県埋蔵文化財調査センター）は円筒土器文化圏から出土した石匙の顕微鏡観察に意欲的に取り組み、この光沢がイネ科植物などを切った際に生じたコーン・グロスであることを指摘している（図76）。従来、石匙は民族誌などからイヌイットやエスキモーが使用するウイメンズナイフに形態が似ているとされ、動物等の解体に用いられたと考えられてきたが、最近の使用痕研究はその可能性がきわめて低いことを示唆している。

石鏃は縄文時代の代表的な狩猟具であるが、三内丸山遺跡第6鉄塔地区では組成に占める比率や点数そのものも少ない。当初は発掘調査時における取り上げミスも考えられたが、土壌を全量回収し、水洗選別を行ってもこの傾向は変わらない。円筒土器文化圏の遺跡でも石鏃の点数が石器の組成比率中、他器種より明らかに優越する事例は見られないが、たとえば円筒下層a・b式期の弘前市沢部Ⅱ号遺跡では石鏃が多数出土したことが報告されており、遺跡によって違いがある可能性も否定できない。

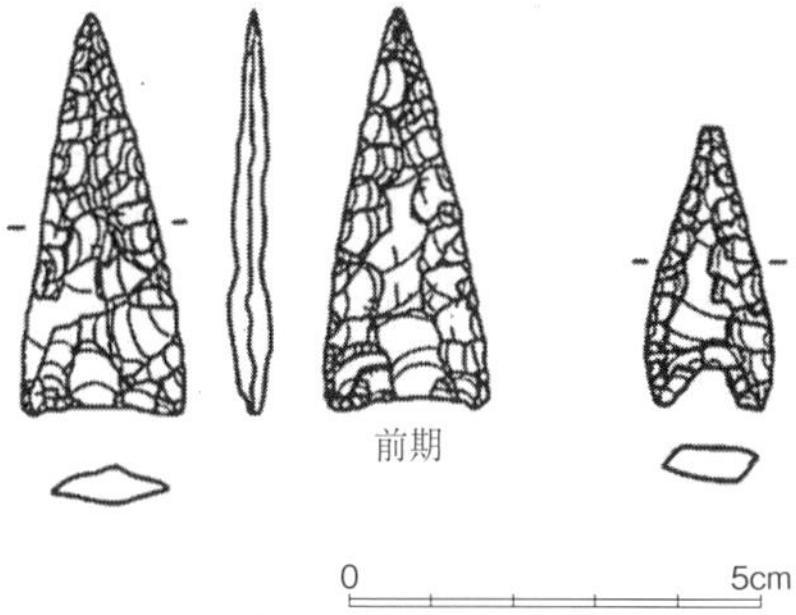

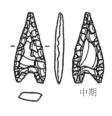

図77　円筒土器文化の石鏃

円筒土器文化期の石鏃の形態は同時代における他文化圏と同じように、基部の形態は無茎から有茎へと遷移する。前期中葉の円筒下層a・b式期では無茎平基が多く、円基、尖基、凹基がつづき、少数の有茎T基がともなう。円基、凹基ともに基部の凹凸は少ない。

大型の二等辺三角形状のものは円筒土器文化特有のものかもしれない。前期末の下層d式では有茎T基が増え、中期前半まではこの傾向は大きく変わらない。中期中葉から無茎尖基や有茎T基がさらに顕著となり、大木式の影響が強くなる後半以降では凹基も相当数見られる。中期では前期に見られた大型の二等辺三角形のものが見られなくなり、全体として中～小型のものが多くなるようである。大木式土器文化圏は基本的に凹基が主体であり、同文化の影響は土器以外にも見られるものと理解できる（図77）。なお、中期に搬入されている長野産や佐渡産の黒曜石製の石鏃は凹基であり、原産地に見られる石鏃と形態は同じであることから製品としての搬入と考えられている。

石槍は前期に若干見られるが、中期に入り増加する傾向がある。他文化圏では中期段階では石槍が激減するなかで、円筒土器文化圏での石槍の増加は特徴的である。しかしながら、その用途や対象獣については不明な点が多い。

　青森県では円筒土器文化以前から敲磨器類が多く、その内容も多様であることが知られている。円筒土器文化においても当初から豊富な敲磨器類が見られる。第6鉄塔地区では円筒下層a・b式期の資料がまとまって出土し、主に見られる使用痕跡から敲き痕、磨き痕、凹みの順に多く出土している。中期前半から中葉にかけての円筒上層a～d式期では全体の五〇％以上となり、きわめて高い比率となる。しかしながら上層e式期では前段階にくらべて、敲磨器類の減少と石鏃の増加が見られる。石皿も前期から見られるが、完形品は少なく、意図的に破壊、廃棄されたものと考えられる。

　石器の大半を占める不定形の剥片石器については、側縁の一部に刃部の調整や使用痕が見られるものの、製作途中のものや破損品も含まれている可能性もあり、用途が明らかでないものがほとんどである。今後の研究が期待される。

　石器組成や主な石器から見た三内丸山遺跡における生業は、前期中葉から中期中葉にかけては植物利用が活発に行われたと考えられ、中期中葉以降においては狩猟がより活発に行われた形跡がある。そのような変化が何によるものかは今後の課題である。羽生淳子はこのような石器組成の変化を踏まえ、敲磨器類の増加と土偶の増加は連動しており、土偶祭祀が特定の植物食を集中的に利用する生業活動を基盤として発展したと、興味深い指摘をしている。

円筒土文化特有の石器

　円筒土器文化特有の石器に半円状扁平打製石器がある。形状はその名のとおり、半円や長方形をした扁平な打製石器で、長辺に剥離を施し、幅の狭

図78　半円状扁平打製石器

い刃部としている（図78）。刃部には磨面が認められる。目的・用途については諸説あるが、上條信彦（弘前大学）は三

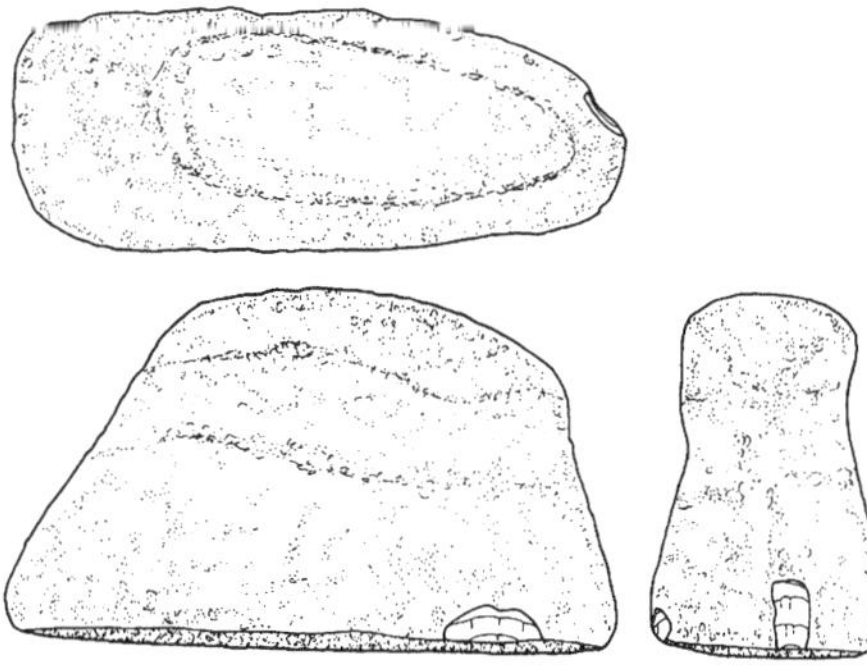

図79　北海道式石冠

じめクズやワラビの根などを敲いてほぐした可能性を指摘している。

　この石器は青森県を中心に分布し、円筒土器文化成立直前の時期から見られ、前期中頃から末葉にかけて多数出土する。北海道では前期末から本格的に出土するが、特に渡島半島部で多く、それ以北では少なくなる。一方、円筒土器文化圏と南の大木式土器文化圏の境界付近となる岩手県盛岡市や秋田県大仙市周辺では、大木式土器文化の集落からも多数出土している。したがって分布は、本来の円筒土器文化圏よりも全体的に少し南側にずれているといえ、大木式土器文化圏と円筒土器文化圏では、この石器の作り方やその維持管理、そして使用方法といった細かな部分まで、情報を共有していたと斎藤岳

（青森県埋蔵文化財調査センター）は指摘している。

中期後半には円筒土器文化圏でも大木式系土器が多く見られるようになるが、それ以前から両者の関係が深かったことが示唆される。

北海道にはやはり北海道式石冠とよばれる独特な形状をした磨石があり、これも円筒土器文化直前の時期に現れ、円筒下層式の時期に多数出土する（図79）。磨面は幅広く、青森県では主に中期中頃になってから出土する。同じ円筒土器文化圏でも、主要な生産道具である磨石は北海道と青森県では違いがあり、この理由の解明が今後の課題である。

岩偶

円筒土器文化期の岩偶の分布範囲は円筒土器文化圏全域に分布するが、土偶と同じように量的には本州側に圧倒的に多く、その分布の中心は青森県にある。三内丸山遺跡からは破片も含め一八点出土しており、一遺跡から複数の出土はほとんどないなかで、その数は突出して多い。

岩偶は凝灰岩など軟質の石材を利用し、全体に菱形が状のものが多い。文様は線刻や刺突が多い。顔、乳房、へそは表現されない。中期のものには四肢がはっきりと区別されるものも見られる。岩偶も土偶同様大きさに違いが見られ、稲野裕介（元北上市教育委員会）によると前期の岩偶は大（二〇㌢以上）、中（一〇～二〇㌢）、小（一〇㌢以下）に分けられるという。これまで出土した最大の岩偶は、青森市熊沢遺跡から出土した二一・三㌢のもの（図80）であり、破片だが三内丸山遺跡でもそれに匹敵する大きさのものが出土している。岩偶は完品が七点（四割弱）あり、土偶にくらべると多いようにも思えるが、それらの大半は一〇㌢以下のもので、大型品は土偶同様破片で出土している。岩偶は土偶にくらべ、壊れにくいと考えられるものの、破片で出土しているものがあることを考えると意図的に壊した可能性がある。

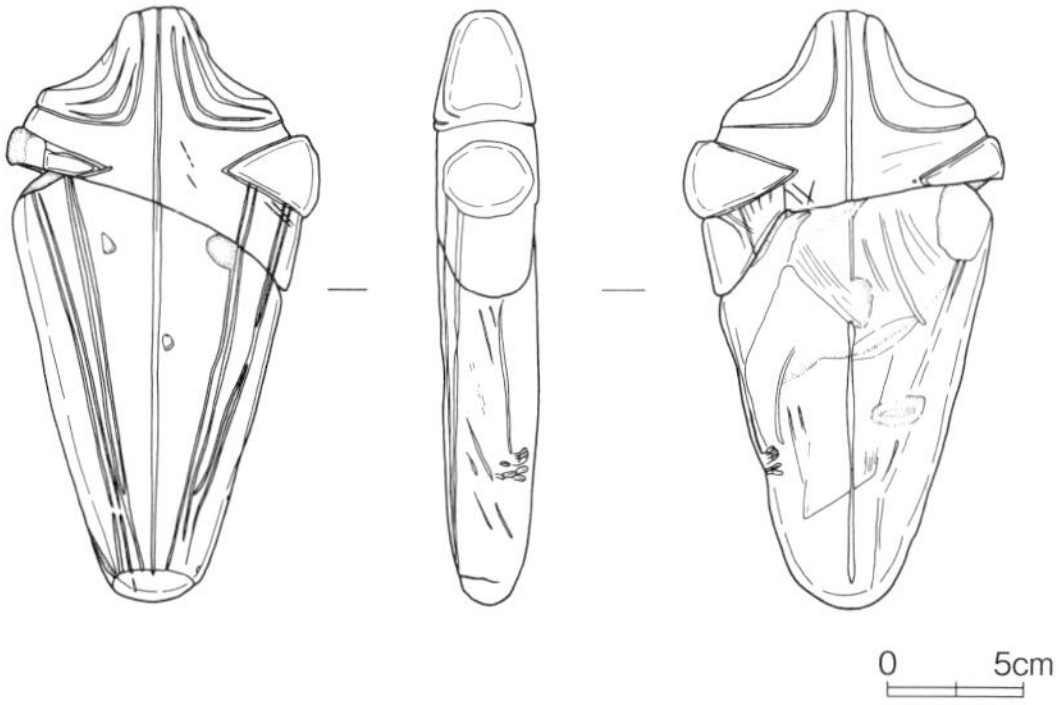

図80　大型の岩偶（熊ノ沢遺跡）

村越潔は、岩偶は前期に作られ、日本海側に多く分布することを指摘している。それ以降、県内各地で数多くの発掘調査が行われ、太平洋側からも出土しているものの村越の指摘した傾向には変わりはない。

土偶は中期に入ると爆発的に増加するが、岩偶は減少する。現象的には岩偶は土偶に置き換えられたともいえる。東北南部の「大木式土器文化圏」では前期から土偶が作られており、「円筒土器文化圏」では前期末まで土偶はほとんど作られていない。大木式土器文化圏の土偶に見られる胸部のくぼみの表現などは前期の岩偶に共通する特徴であり、かならずしも目的や用途は同一視できないものの、関連した関係にあり、大木式土器文化圏の影響を受けて円筒土器文化圏では岩偶が作られ、中期に入り前期の岩偶の特徴を引き継いで土偶が活発に作られるようになった可能性が高

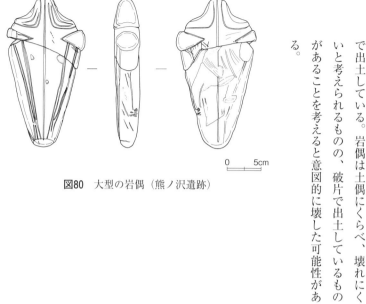

い。

岩偶は、頭部は小さな三角形状を呈し、胴部は逆三角形となるが、三内丸山遺跡出土の古い土偶も、腕は横に短く表現され、結果的に胴体が逆三角形となり、岩偶との共通点は多い。

中期の岩偶は前期の岩偶の特徴を受け継ぐものと土偶の特徴を示すものとがあり、岩偶そのものの形に顔が付いたものや、軽石に土偶と同じように眉や鼻の高まり、目と口のくぼみが表現されたもの、全体像が簡略化し体部中央に大きな穴が開いたものなどさまざまである。体部中央に大きな穴が開いた岩偶については、北海道栄浜遺跡からやはり中央に大きな穴が開いた土偶が出土しており、形態的に近似し岩偶と土偶との関連を示すものとして留意する必要がある。さらに拠点的集落と考えられる遺跡やその周辺から出土することも共通する。

最多の岩偶が出土した三内丸山遺跡と、最大の岩偶が出土した青森市熊沢遺跡とは約二・五キロほど離れており、熊沢遺跡に隣接する岩渡小谷（4）遺跡からも岩偶の脚の部分が出土している。七点の岩偶が出土した大鰐町大平遺跡は大型竪穴住居跡が見つかっており、拠点集落跡と考えられる。秋田県の大館市周辺も岩偶が集中しており、大館市池内遺跡では三点出土している。竪穴住居跡、墓、掘立柱建物跡などが直線的に配置され、円筒土器文化に特徴的な配置である。しかし、拠点的な集落跡であってもかならずしも岩偶が出土するとは限らず、これも土偶と同様で岩偶の分布にも地域的な偏りがあるといえる。

前期は地域を代表するような拠点的な集落を中心に岩偶を使うまつりが出現した時期であり、それらのなかには中期になり土偶を多量にもつ、拠点的な集落へと移行したものがあったと小笠原は推測している。

6　円筒土器文化の成立と終焉

円筒土器文化の成立は、十和田火山の噴火との密接な関係が考えられている。噴火にともなう降下火山灰は、縄文時代のものとしては少なくとも、早期中頃の南部浮石、前期中葉以前の中掫《ちゅうぜり》浮石、晩期前半の十和田b浮石の三層が確認されている（表3）。このなかで円筒土器文化に関係する火山灰は中掫浮石で、層位的には円筒下層a式土器は中掫浮石の上層より出土することが確認されており、円筒土器文化は降下以降に成立したことは確実である。

一方、円筒土器文化成立前の本地域には、横位の結節回転文施文など大木式土器と共通する特徴をもつ土器文化が地域性をもって分布していた。また、大木式は中掫浮石の下層から1式、2a式が出土していることが確認されており、2b式については中掫浮石を挟んで上下から出土している可能性が指摘されている。中掫浮石を鍵層とすると、少なくとも大木式土器文化と円筒土器文化の成立は同時ではなく、大木式が先行し、遅れて円筒土器文化が成立したことになり、それとともに大木式の影響は希薄になったともいえる。十和田火山の噴火により、円筒土器文化成立以前の在地土器文化が大きなダメージを受け、急激に衰退し

表3　火山灰関係図

古代		苫小牧・白頭山火山灰
		十和田 a 火山灰
古墳時代		
弥生時代		
縄文時代	晩期	十和田 b 火山灰（？）
	後期	
	中期	
	前期	中掫火山灰
	早期	南部浮石
	草創期	八戸火山灰

たことが推測できる。

工藤大は、東北地方北半、特に青森県では早期以降太平洋側に遺跡が数多く分布しているが、円筒下層式直前の深郷田式あるいは芦野Ⅱ群式土器の段階になると、日本海側では遺跡数の増減は見られないものの、太平洋側では極端に遺跡数が減少しているとし、円筒土器文化の成立後は日本海側、太平洋側ともに大きな変化は見られないことから、遺跡数減少の原因として、十和田火山の噴火が深刻なダメージを与えた可能性を指摘している。特に青森県南部地方から岩手県北部では、火砕流などの壊滅的な被害ではないものの、火山灰の降下により生態系が大きな影響を受けたとしている。

環境史を専門とし三内丸山遺跡を初めとする縄文遺跡の環境復元を試みている辻誠一郎は、十和田火山の噴火は想像以上に大規模であったとし、巨大噴火が生態的非平衡と社会的秩序の混乱を引き起こしたと推測している。また、三内丸山遺跡では円筒下層a式土器の出現とともにクリ林の形成が見られ、その後クリ林の優占を経て、中期後半には突然クリ林の衰退とトチノキ林の形成となることも明らかにしている。

辻らによると本地域に生育するコナラ亜属はミズナラと考えられ、ミズナラは樹皮が厚く山火事に強い樹種で、八甲田山などで確認されている火山灰降下後に見られるミズナラの増加は、噴火にともなう山火事の発生で森林植生が破壊され、この火災に耐えたミズナラが萌芽再生等により、火災終了後にいち早く回復した可能性があるとしている。また、青森平野においてはブナやコナラ亜属からなる落葉広葉樹林がクリ林やウルシ属林に急変したともしている。特に青森平野に見られるクリ林の急変が三内丸山遺跡での居住開始に見られるクリ林への急変と同調的であることは、八甲田山におけるミズナラ優占林の成立と平野部でのクリ林優占林の成立が生態学的に同じプロセスを経た可能性があるものとしている。

「五九〇〇年前（暦年）の十和田火山の巨大噴火は東北北部を中心に生態系に甚大な影響を及ぼした。特に東北北部では高熱の爆風による森林火災や倒壊によって生態系は広範囲に壊滅的な打撃を受けた。このとき、東北北部で営まれていた地域的な社会文化も大きな打撃を受け、被災地ネットワークを中心とした円筒土器を共通にもつ社会文化が発生した」としている。また、「中期後半以降、トチノキ優占林が成立し、トチノキと深く関わる社会文化が成立した。クリとの関わりは継続するものの、クリ林を維持管理するシステムは崩壊した可能性がある」ともしている。

最近では、中振浮石の降下範囲は相当広範囲にわたり、降下前と降下後の植生の急激な変化も確認されており、噴火規模はきわめて大きく、本地域への影響も多大であったことは容易に想像できる。降下後の植生復元に際し、平野部ではクリやミズナラ亜属が早期回復し、なかでも食料はもとより建築材としても利用範囲が広いクリをさらに縄文人が選択をした可能性はきわめて高い。

また、中期後半以降のトチノキの増加は、寒冷化による食料資源の減少への対応がその大きな要因とも考えられるが、それだけではクリ林の衰退を十分に説明できるわけではない。寒冷化にともなう植生や地形の変化など、全体的な環境変化の様相の把握が必要となり、当然ながらそれにともなう社会の変化が遺構・遺物からどのように読み取れるのかが重要である。

7　円筒土器文化研究の課題と展望

三内丸山遺跡では一九九二（平成四）年から始まった発掘調査が現在も継続して行われている。一九九四（平成六）年八月までは野球場建設にともなう記録保存目的の調査であり、同年九月以降は史跡指定に向けての範囲確認調査、一九九八（平成十）年からは集落全体像の解明のための発掘調査が行われている。ここ数年は西盛土周辺の調査が保存に留意しながら進められている。しかしながら、遺跡が広大であるため、依然として調査の空白区が存在する。台地全体に集落が展開することが明らかな現時点では、集落の構造を知る上で時期ごとの遺構分布をより詳細に把握する必要があり、調査の空白区の解消が大きな課題である。それによって集落構造と変遷の解明が進むものと期待される。

発掘調査のもうひとつの目的は当時の環境復元である。現在のところ辻誠一郎らによって第6鉄塔地区や北の谷の分析が進められ、前期については解明が進み、集落出現期の様相は具体的に判明している。しかしながら、集落が最盛期となる中期中葉から後半や終焉を迎える中期末葉については前期に比較して資料が少ない。今後、遺跡内の低湿地や埋没谷などを調査し、該期の環境復元の可能な資料を得ることが肝要である。それによって集落終焉の様相やその理由が見えてくるものと期待する。

また、盛土や捨て場など土器が従来の編年どおりに整然と出土する状況が見られるが、これに高精度年代測定結果を活用することによって相対的な出土状態に暦年を与えることができ、土器編年がより実態に近いものとなる。なかでも一型式の時間幅について均一ではないことは当然で、より正確な時間軸の設定ができ、あらたな集落論の展開への発展が期待できる。

土器以外にも土偶や竪穴建物など、これまでにない多数の資料が得られており、これらについてもそれぞれ個別の編年構築ができる状況にあり、すでに幾人かの研究者により試みられている。これらの作業は、円筒土器文化の特徴の抽出を行うことであり、円筒土器文化圏における地域性を明確にする基本的な作業でもある。

これらの諸課題を解決するには円筒土器出土遺跡のデータベース作成が急務である。それによって、たとえば前期から中期にかけての集落数の変化の動態、同時期（同一型式）における遺跡分布、すなわち東北南部の大木式や北海道道央以北の北筒式との関係が整理できよう。しかしながらデータは膨大であり、共同研究として取り組む必要がある。現在、三内丸山遺跡保存活用推進室ではは円筒土器出土遺跡のデータベース化を進めているが、すでに八〇〇遺跡を越えることが確実となっており、それらの利用によるあらたな研究の進展が期待される。

三内丸山遺跡においても既存の成果の再整理を行うための総括報告書の刊行や発掘調査の目的等を明確にした調査計画の策定と実施は不可欠である。

円筒土器文化の研究は土器を中心とした遺物研究から集落などを対象とした遺跡研究へ、そして多様なテーマが設定できる地域研究へと進みつつある。それが円筒土器文化とは何かという問いに答える最も着実な方法である。他の土器文化圏との類似点、相違点を明確にし、最終的には円筒土器文化圏設定の妥当性についても検討する必要がある。

三内丸山遺跡の解明は円筒土器文化の解明そのものでもある。円筒土器文化の研究拠点として、世界遺産登録を目指す縄文遺跡群の中核の遺跡として、遺跡の保存活用の先駆的役割を果たすべく、今後とも調査研究、保存活用、情報発信に努めなければならない。

Ⅶ　遺跡を活かす

1　整備と公開

(一) 基本的な考え方

一九九四(平成六)年十二月の遺跡全体の保存決定後、一九九五(平成七)年一月から、青森県は遺跡の整備・保存・活用の検討のため、故村越潔(当時弘前大学)、故坪井清足(当時大阪府文化財センター)、故佐原真(当時国立歴史民俗博物館)、小林達雄(國學院大學名誉教授)、大塚和義(当時国立民族学博物館名誉教授)など、遺跡の整備活用や縄文文化研究で日本を代表する学者や研究者、学識経験者、文化庁、国土交通省らで構成される「青森県総合運動公園遺跡ゾーン基本計画検討委員会」を設置し、同年三月に基本構想を策定した。一九九五(平成七)年度からは基本構想にもとづき、短期整備を進めるとともに基本計画検討委員会を設け、基本計画策定に向けて検討を重ね、一九九八(平成十)年一月に基本計画を取りまとめた。基本計画は「集落復元計画」、「植生復元計画」、「公開・活用計画」、「施設整備計画」、「運営管理計画」からなる。

基本構想に掲げられた遺跡整備の基本理念は、「およそ五五〇〇年から四〇〇〇年前まで三内丸山で生活を営んでいた縄文人のむらを体感、体験できる場を創出することによって広く活用をはかり、日本の文明のとびらを切り開いた縄文文化の解明とその世界的規模での見直しを行う文化交流の拠点とする」である。

さらに、基本方針として、次の六点について掲げ、遺跡公園として整備される三内丸山遺跡の将来像についての基本的な考え方をまとめた。

①遺跡の魅力を実物で公開
保存を前提としながらも、全体の景観を損なわないよう配慮し、保存方法を検討しながら実物遺構を公開展示する。

②縄文のむらの風景づくり
単なる建物の復元にとどまるのではなく、植生等も忠実に復元する。

③企画性に富んだ開かれた遺跡の活用
縄文時代を体験、体感できるような、誰にでもわかりやすく楽しめるものとする。

④憩いの場としての遺跡
見学者が憩い楽しめるような環境づくりと充実した各種サービスを提供できる場とする。

⑤縄文文化の拠点
遺跡の多様な内容をわかりやすく理解してもらうために、展示や収蔵を行うとともに継続的な調査、研究を行い、縄文文化研究交流拠点となるための中核となる施設と体制を整備する。

⑥保存・活用の計画の段階的推進
計画は発掘調査、研究にもとづき継続的に行うが、計画の推進は短、中、長期計画を作成し段階的に行うものとする。

そして、継続的な遺跡の保存、整備、活用を進めるため、一九九四（平成六）年度には県教育委員会文化課（現文化財保護課）に三内丸山遺跡対策室（現在は三内丸山遺跡保存活用推進室）、県土木部（現県土整備部）都市計画課に公園整備推進室（現在は公園整備グループ）が設置され、文化財部局と都市計画部局が連携して行う環境を整えた。

（二）短期整備について

基本構想の基本方針にもとづき、一九九五（平成七）年度から短期整備に着手した。この短期整備は本格整備の前段階に相当し、遺跡をより積極的かつ早期に公開することを目的としたものである。これは佐賀県吉野ケ里遺跡等を参考にしたもので、見学者の興味、関心をさらに喚起、持続するうえできわめて有効かつ迅速な手法と考えられたことによる。

一九九五（平成七）年四月から、保存のために一時埋め戻した遺構の再公開と仮展示室の整備を行い、さらに八月より遺物展示や映写室、整理室等を併設した展示室（仮設）を建設し、公開を開始した。また遺跡の特徴的な遺構の実物を見学してもらうために、遺構の保存処理の実施や空調施設を完備した覆屋を設置し、通年での見学も可能となった。

さらに遺跡を具体的に理解できるように、竪穴住居五棟、大型竪穴建物（ロングハウス）一棟、高床建物三棟、大型掘立柱建物一棟の建物復元を行った。復元にあたっては専門家からなる検討委員会を設置し、調査所見や学術的な検討を踏まえ実施した。他に利便施設として休憩所、駐車場も整備された。

一九九六（平成八）年度からは、土器や土偶づくりなどの体験学習を開始し、「見る」から「体験する」ことができるプログラムも整備された。

図82　復元建物

図81　さんまる

一九九七（平成九）年度には展示室を増築し、より楽しめる遺跡整備に努めた。二〇〇一（平成十三）年には公募により遺跡マスコットキャラクターである「さんまる」が決定した（図81）。

二〇〇二・二〇〇三（平成十四・十五）年度は土屋根三棟、茅屋根二棟、樹皮屋根二棟の竪穴住居の復元整備（図82）や園路整備などを行うとともに、二〇〇二（平成十四）年十一月には遺跡公園のビジターセンターである縄文時遊館（図83）がオープンした。あわせて本格的な駐車場やトイレなどの利便施設も整備された。

さらに二〇一〇（平成二十二）年七月には縄文時遊館内に重要文化財などを展示した本格的な展示施設である「さんまるミュージアム」がオープンした（図84）。これにともない、旧展示室は閉館した。

なお、遺跡は年末年始以外は休日、休館日がなく、現在のところすべて無料で見学ができるようになっている。

（三）植生環境の復元整備

当時の生業や環境、たたずまいが感じられるように、植生環境の復元も整備の重要な柱として位置づけられたため、植物学、造園学、生態学等の専門家からなる植生復元検討委員会を設置し、検

図83　縄文時遊館

図84　さんまるミュージアム

討を進め、今後の整備の具体的な指針となる植生復元計画を策定した。

また、本遺跡は都市公園でもあり、今後の整備は都市公園整備事業として行われることになったため、癒しや憩いの空間の演出も必要とされた。さらに、現在の植生環境の把握とその有効利用、将来的な維持管理の方法や手段も検討された。

基本計画の策定や検討は、低湿地部分などの発掘調査の所見や動植物遺体の分析、年代測定の結果をもとに行われた。発掘調査の開始当初から、花粉分析等の古環境分析のための予算措置や外部調査員を委嘱するなど、体制整備が行われていたため、比較的早い段階で基礎的なデータを準備することが可能であったことはさいわいであった。

基本計画ではまず、遺跡全体の植生復元のためのゾーニングを行った。次に、①現況植生の把握、②目標植生の設定、③整備区分の設定（保全・育成、改良、造成）、④植栽計画（植栽区の設定）、⑤段階整備・育成パターン（植生管理）などを検討した。このなかで、針葉樹など現在の植生の取り扱い、クリ林の構造、栽培植物の取り扱い、植栽材料の調達方法、植栽方法、管理などについての基本的な考え方をまとめた。

これにもとづき、整備では遺跡外縁部の針葉樹については景観や遺跡保護の観点から、当面そのままで活用することとした。また、植栽の中心となるクリとブナについては、移植実験と植栽実験を行い、モニタリングを継続して行うこととした（図85）。維持管理については遺跡内に試験区を設定して、いくつかのパターンを実験し、やはり経過を観察することとした。

しかし、実際に一部の整備を実施したところ、さまざまな課題も見えてきた。まず、縄文時代の植生を忠実に復元することは想像以上に困難であ

図85　試験植栽の様子

る。復元の手がかり、情報が少なく、低湿地などの発掘調査により得られた花粉化石、種子、木材、昆虫、動物などの分析が基礎となるが、そのような情報をもっている地点や遺跡は限られている。また、分析結果には植物の種類によって面的な植生と点的な植生が混在しており、まして定量的な分析や復元は困難である。さらに、生態系全体の中の植生という視点で分析をする研究者が少なく、分析も同定作業で終わる場合が多く、縄文の森はドングリ林というイメージが先行していることも生態系という視点をもちにくい一因となっている。

そして、現代と縄文時代では気候や生態系が違い、分析結果そのままの植生復元には限界があり、復元後の維持管理の方法も検討しなければならない。目標とする植生の完成までに時間がかかり、単純な土木工事ではない。遺跡の場合、植物の成長とともに延びる根が遺構や遺物に影響を与えないよう防根シートの設置などに配慮する必要がある。また、現在の植生が出発点となることから、それをどう活かすか、設計段階で織り込んでおくことが必要で、できるだけ遺跡近くの植物を利用し、その植物の遺伝情報も大事にすることを忘れてはならない。

当時の集落周辺は、「縄文里山」とよべるような縄文人が作り上げた人為的な生態系や植生が広がっていたが、これは縄文人が選択と管理をした結果成立したものと考えられ、季節ごとの森の恵みとそれらを利用する技術、道具、生活の知恵などを体系的に展示、表現する必要がある。植物の色、匂い、薬用効果なども大事な意味があると思われるので、うまく活用したい情報である。

眺めるだけの植生も必要だが、それらを活用してこそ縄文人の生活が身近なものになるだろうし、結果的にそれが維持管理のうえでも効果的である。また、植生復元は生態系の復元になるので動物、昆虫なども重要な要素となり、希少生物の保護にもつながる側面がある。

(四) 建物復元について

建物復元については、基本構想（一九九四年度）で整備・活用の基本的な考え方や短期整備の方針についてまとめ、基本計画・基本設計（一九九八年度）において対象遺構を決定し、基本的な構造、デザインなどの設計仕様を決定した。さらに予備設計（一九九九年度）を行い、実地検証棟三棟（土屋根、茅葺き、樹皮葺き）を建設し、温湿度や強度等を観測し、仕様の確認を行うとともに、建物に関する方向性を決定。考古学・民族学的調査を実施した。この結果をもとに詳細設計（二〇〇〇年度）を進め、実地検証棟を改修し、

図86　劣化し入口が潰れた復元建物

さらに観察、実験を行い、最終的な細部仕様を決定した。そして、実施設計（二〇〇二年度）、整備工事（二〇〇二・二〇〇三年度）を実施した。

整備計画策定にあたって、復元建物完成後の維持管理の方針や体制、具体的な方法等についてはは十分に検討したとはいい難いところがあり、以下のような課題が整備工事竣工後に浮上した。

①完成した時点から建物の劣化は始まっており、公開と同時にますます進行し、さらに越冬することによって加速する。設計時には予想し得ない箇所も劣化は見られ、現実としては定期点検と早めの対応しか方法はない（図86）。

②日常管理は意外と手間と時間、そして経費がかかる。カビの発生、土屋根の土砂の流失、防虫は定期的に対処する必要がある。これらはボランティア等ではできず、専門業者でなければできないものがある。しかし、ノウハウの蓄積は絶対必

要であり、市民参加や補助金の活用も視野に入れる必要がある。

③見学者からの感想には厳しいものがある。カビくさい、煙くさいなどのクレームが必ずある。十分な説明や情報提供などをあらかじめ準備する必要がある。

④建物内の展示も魅力あるが、管理や効果の点でむずかしい場合がある。展示物の盗難、照明の確保などへの対応は検討しなければならない。

⑤予期せぬ緊急事態の発生があり、特に放火や失火には要注意である。火災の場合、茅屋根の消火は困難である。

⑥工事前に管理についても十分検討し、何をどうするのか、他部局との共通認識や場合によってはマニュアルも必要である。復元整備は作るときは楽しいが、その後の管理は熱心にされていないという現状がある。

⑦発掘調査や研究の進展にともない、復元建物も変更しなければならないときがやってくる。

当初から縄文のたたずまいを大事にするという方針で整備を進めてきたが、やはり公開遺構の覆屋はきわめて現代的で、縄文遺跡の雰囲気になじまないとの指摘がある。覆屋は短期整備の施設であり、本整備では撤去されることになっているものの、財政的な理由からその目処は現在のところたっていない。

竪穴住居、掘立柱建物などが復元整備されて、縄文的な雰囲気となっているが、一方では復元建物についての違和感があることも事実である。文字や図面がなく、発掘調査の所見や民族学的資料をもとに専門家による委員会で検討した結果復元されたものであるが、個々の形状よりも復元という手法そのものについての違和感が見学者から指摘されている。復元はそれがさも事実であるかのように一方的に情報を与えることになり、想像する楽しみを制限してしまうことになりかねず、実物遺構と豊富な出土品でも十分遺跡を楽しめるといった声も意外と多い。

現在、三内丸山遺跡では遺跡公園の管理は文化財担当部局で行っていない。遺跡公園の場合、文化財としての管理と公園としての管理が必要になり、すべてにおいて文化財部局が管理する必要はないが、時として遺跡の魅力を半減させるような、見学者への配慮が十分でない場合がたまに見られ、管理者としての都合が優先してしまうことがある。遺跡を知り尽くした文化財部局が全体の管理をリードする必要があろう。また、地域や遺跡を支える市民との協働も大事であり、地域の力をぜひとも活用したい。

復元建物は文化財そのものではないが、仮説ではあるものの、地下遺構と一体となり、発掘調査や研究成果にもとづき、見学者へ向けて情報発信される展示物である。したがって、その管理は適切に行われる必要があるが、その方法等が確立されているとはいい難く、それこそ試行錯誤の毎日である。

（五）遺跡の保護と公開の具体例

基本構想にもあるように、「迫力ある遺構実物の公開」をめざしている。その前提として、遺跡や遺構の保存措置が万全であることや、周辺の景観や環境を阻害しないことは当然である。三内丸山遺跡は遺構面や遺物を保護するため山砂で埋め戻し、さらに凍結深度以上の保護盛土を行っている（図87）。

現在、実物公開している遺構は、大型掘立柱建物跡、埋設土器（小児の墓）、土坑墓、北盛土、南盛土等がある。

図87　埋め戻しと保護盛土

大型掘立柱建物跡は、遺構全体に空調施設のある覆屋を設置し、さらに柱穴には次のような加工を施した。遺構の壁面や底を和紙で保護した後、崩落防止のために壁面を金網で覆い、ＦＲＰ（樹脂）を吹つけ、その上に類似した土を張り付けた。柱穴の中には木柱のレプリカを入れて公開している。

埋設土器も保護のため空調施設を備えた覆屋を架け、発掘調査時そのままの状況で公開している。一九九七（平成九）年、カビが目立つようになったので防黴剤をまいてカビの発生を抑制している。一部劣化が目立つところは、埋設土器のレプリカ展示を行っている。

土坑墓は遺構の壁面を樹脂で加工し、強化ガラスで覆い公開している。当初自然換気で公開していたが、結露が激しいため、現在は太陽電池を利用した送風機による強制換気に変更している。樹

図88　露出公開している北盛土

脂は種類を変え、その状況変化を経年観察している。

北盛土も空調施設を備えた覆屋を架け、調査時の状況をそのまま公開している。露出面は樹脂を塗布し、強化している（図88）。南盛土も同様の覆屋を設置し、露出面を強化するため、樹脂を含浸させている。

また、加工処理して公開している遺構として大型竪穴建物跡がある。これはウレタンで遺構を型取りした後、ＦＲＰを吹き付け、型の模型を作り、ウレタン型は断熱材としてそのまま遺構保護のため埋め戻し、ＦＲＰにエポキシ系樹脂で擬土を張り付け、露出で公開している。

遺跡は保護のために埋め戻しと保護盛土をしているが、発掘調査時と比べ周辺の植生環境が変化しており、特に渇水による低湿地部分の有機質遺物の劣化が懸念されることから、継続して地下水位を観測している。年々水位が低下していたが、現在は発掘調査時の水位まで回復している。

実物遺構を公開している各覆屋も、室温や湿度を継続して観測しているが、夏季の見学者の多い時期や冬季の厳冬期には、空調施設の対応能力を超える場合がある。さらに春先の融雪時には地下水位が上昇し、実物遺構にも湧水が見られることもある。

実物遺構を継続して公開することは、その維持管理や劣化防止など困難な課題が数多くともなうが、やはりその場所にしかなく、さらに本物の迫力に勝るものはない以上、公開するメリットは大きく、おおむね見学者に好評である。また、科学的保存処理も永久処理ではないため、つねに状況変化を観測し、その都度適切な対応を怠らないようにしなければならない。よりよい処理方法を求めて、実験と観察を繰り返すことが大事である。

（六）活用事例の紹介

整備基本構想の中で、「企画性に富んだ開かれた遺跡の活用」が掲げられており、「誰にでもわかりやすく楽しめる」遺跡として整備・活用することをめざし、一九九五（平成七）年度から遺跡内外でさまざまな活用事業を展開している。また、当初から県民・市民による遺跡を核とした活動も活発に行われており、遺跡の活性化や情報発信に大いに貢献しているところである。これまでの取り組みを紹介する。

三内丸山遺跡・縄文フォーラム　遺跡が注目されて以降、民間団体主催によるシンポジウムやフォーラムが相次いで開催され、いずれも盛況を呈した。そこで、さらに発掘調査や研究成果の最新情報を県民へ提供・発信し、遺跡に対する興味や関心をより一層高めるために、一九九五（平成七）年度から地元で毎年実施（実施時期は不定

図89　フォーラムの様子

期）してきた。実施にあたっては県と民間団体からなる実行委員会を組織し、構成や内容を検討している。なお、開催にあたり県は補助金を交付している。毎回約一五〇〇名ほどの聴講があり、これを目当てにした旅行代理店のツアーや他県からの参加もみられた。内容は考古学を軸としながらも、当時の生活や文化が感じられるように民族学、民俗学、人類学、芸術家、タレントなど広い分野からパネリストを選出している。また、開催地も遺跡所在地の青森市にこだわらず、県内を巡回して行われた。実行委員会の中に地元新聞社が入っており、広報や内容の速報・特集などつねに内容が紙面を通して発信され、記録されていることも大きな特徴である。

縄文シンポジウム　遺跡からの情報発信を積極的に行うために、毎年東京で開催してきた（図89）。一九九五（平成七）年の第一回目は佐賀県吉野ヶ里遺跡との共催であった。内容は、発掘調査成果をもとにした最新情報の提供、基調講演、パネルディスカッションからなり、考古学を中心とした構成、人選となっている。テーマは遺跡の調査や研究成果の中から設定するとともに、会場で遺物展示も行っている。毎回会場の収容人員を超える申し込みがあり、定着した感がある。現在は世界遺産登録推進フォーラムとして、北海道・岩手県・秋田県・青森県の四道県が共同で実施している。

縄文フェスタ・四季のイベント　縄文をテーマにしたイベントを行っている。当初は教育委員会の主催であったが、規模の大型化や内容が文化財以外の多岐に渡ることから、観光部局が所管し、実行委員会方式で実施、運営したこともある。体験学習、クイズラリー、物産販売など参加型の内容となっている。一九九七（平成九）年度からは遺跡を会場に民間団体の企画によるコンサートが行われ、大勢の聴衆が参加している。現在は『縄文大祭典』として開催されている。また、四季ごとに様々なイベントが行われている。

冬季活用・冬まつり　遺跡は通年公開しているものの、降雪地帯でもあることから、冬季間の見学者の減少が著しい。そこで冬季間における見学者の増加と遺跡からの情報発信をねらいとしてイベントを行ってきた。遺跡や縄文をテーマにした雪像づくりコンテスト、体験学習、縄文鍋のサービスなど参加型で楽しめる内容となっている。

遺跡報告会　年度末に一年間の発掘調査や研究、公募による特別研究の成果報告を県民を対象に一九九六（平成八）年度から青森県教育委員会の主催事業として行っている。聴講は市民ボランティアによる遺跡ガイドの研修項

図90　体験学習

目となっている。

体験学習

「ものづくり」を通じて、縄文文化をより身近なものとしてもらうため、小学生以上を対象に一九九六（平成八）年度から青森県教育委員会主催事業として実施している（図90）。一九九七（平成九）年度からは修学旅行などの団体を対象とした体験学習の一部を民間ボランティアに業務委託している。メニューは「土偶づくり」、「土器づくり・土器野焼き」、「釣り針づくり」、「縄文ポシェットづくり」、「組み紐づくり」、「コハク製玉づくり」、「石器づくり」、「編布づくり」、「貝輪づくり」など豊富である。また、火起こしや石斧による木の加工などが体験できるようになっている。実施にあたっては、遺跡の調査研究を担当している職員がその内容を十分に検討し、実際の指導にあたっている。

年々参加者が増加しており、個人では一九九六

図91　県民参加で作られた竪穴住居

年度二四八名、一九九七年度三三二名、一九九八年度五二七名が参加した。団体では毎年四〇〇〇人以上が参加している。また見学と体験学習を組み合わせている学校、団体も増えている。遺跡で行っている見学者アンケートにおいても、「見る」から「参加・体験する」ものを希望する声が高くなっており、見学者の関心が大きく変わってきている。二〇一二・一三（平成二十四・二十五）年度には県民参加により竪穴住居を復元する家づくり体験活動が行われた（図91）。

その他　他に大型掘立柱建物復元に使用するクリの巨木を人力で引く御柱木曳き式、写真コンテスト、前衛舞踏などの会場としても活用されてきた。

また、見学、体験学習、ミニシンポ、講演など、考古学や遺跡、地域文化を取り上げた旅行代理店の企画によるツアーや子どもだけの体験ツアーも行われ、県外を中心に参加者が集まる。

（七）市民との協働について

遺跡を取り巻く県民・市民活動も活発に行われている。記録映画を作る「縄文映画を作る会」、毎月機関誌を発行し、遺跡の最新情報を発信する「NPO法人三内丸山縄文発信の会」などがある。なかでも三内丸山応援隊の活動は遺跡の活用において重要な役割を果たしている。

三内丸山応援隊は、青森商工会議所がその発足について大きな役割を果たした。一九九四（平成六）年度に作られた三内丸山遺跡の保存・活用のための一億円基金創設母胎となった「三内丸山遺跡を二一世紀に残す会」等をきっかけに、遺跡公開にともなう見学者への対応としてボランティアガイドを運営するために、民間主導で一九九五（平成七）年の四月に設立された。現在は、遺跡ガイド、体験学習、それらの受付業務、ミュージアムショップの運営などを行っている。約一〇〇名がガイドとして登録し、四月から十一月まで遺跡の案内を行い現地で活躍している（図92）。事前に申し込みのあった団体や毎日行われる定時のガイドに対応し、年間見学者数の約半分がボランティアガイドの案内で遺跡を見学していることになる。

行政は直接三内丸山応援隊の運営には関与しないが、運営に対する補助金の交付とガイドの研修、専門的な指導助言を必要に応じて行っている。また、県の主催する体験学習の補助もお願いしている。

「縄文映画製作委員会」では発掘調査や縄文をテーマにした映画を製作し、三部作が完成し、各地で上映されてきた。第一作「土と木の王国三内丸山九四」は科学技術庁長官賞を受賞した傑作で

図92　ボランティアガイド

あった。

「ＮＰＯ法人三内丸山縄文発信の会」は、遺跡からの情報発信を専門に行っている。月に一度「縄文ファイル」を刊行し（現在は隔月刊行）、遺跡の最新情報を発信している（図93）。二〇二一（令和三）年二月現在で二四四号となっている。注目されるのは英語の対訳付きで、初めから世界に向けて発信されている点である。執筆者も研究者、民間人、報道関係など多様である。他に遺跡に関する図録も作製している。また「縄文塾」という、小さな講演会、フォーラムを出前感覚で各地で行っている。これらの情報はインターネット上で公開されている。二〇一〇（平成二十二）年十二月には長年の活動が評価され文化庁長官表彰を受けた。また、「じょうもん検定」を行い、縄文文化の普及・啓発に図めている。

図93　縄文ファイル

（八）発掘調査と研究活動について

三内丸山遺跡では、遺跡の解明と整備・活用を円滑に進めるために、三内丸山遺跡保存活用推進室が毎年継続して発掘調査を行っており、これまでに第一〜三七次調査（平成二十五年現在）が行われている。発掘調査を進めるにあたっては、専門家や、文化庁から構成される三内丸山遺跡発掘調査委員会を設置し、調査地点の選定や目的、学術的成果の検討を学際的に行っている。発掘調査や年三回開催される委員会はすべて公開されている。

また、三内丸山遺跡特別研究推進事業を行い、遺跡の学術解明に取り組んでいる。これは公募した研究課題について研究費を交付するもので、研究成果や発掘調査成果については、県民に向けての報告会開催や年報に掲載し、つねに情報公開を積極的に行っている。遺跡の情報を「より速く、わかりやすく、しかも質の高いもの」として発信することを心懸けている。

最近では、遺跡の保存は将来の活用を含んだ意味で使われることが多くなり、遺跡の特徴を生かした整備・活用が課題として問われる場合があり、また、地域の活性化や観光資源として遺跡を積極的に活用する動きも少なくない。遺跡を公開することは当然であり、遺跡の学術的な価値や研究の現状など多くの情報を提供、発信する機会でもある。より見学者の立場に立ち、「体験・参加する、楽しむ」ことができるような情報を、継続して発信しつづけることが重要である。そのための体制整備や予算措置は当然である。

（九）今後の史跡活用に向けて

地域の活性化のために遺跡や文化財を積極的に利用しようとする場合があるが、大事なことは遺跡そのものが活性化されることである。遺跡を活用するときの留意点として、長年遺跡の保存・活用に関わってきたものとして以下のことが大事と考えている。

①まず、遺跡の存在を知ってもらうことが必要である。方法、手段、媒体などは多様である。どんな情報をいつ発信するのか、必要なのかをより計画的に行うことを考えなければならない。

②トイレ、駐車場など必要最低限の利便施設の整備は必要である。

③遺跡だけではなく、人も大事である。見学者はそこで働く人、活動する人も見ている。日頃の親身の対応こそ大事である。

④地域で受け止めよう。遺跡だけで勝負するとなると、見学者の要求につねに応えるのが厳しい場面がある。地域には誇れる財産、遺産がたくさんあるのでそれらをぜひとも活用したい。地域の

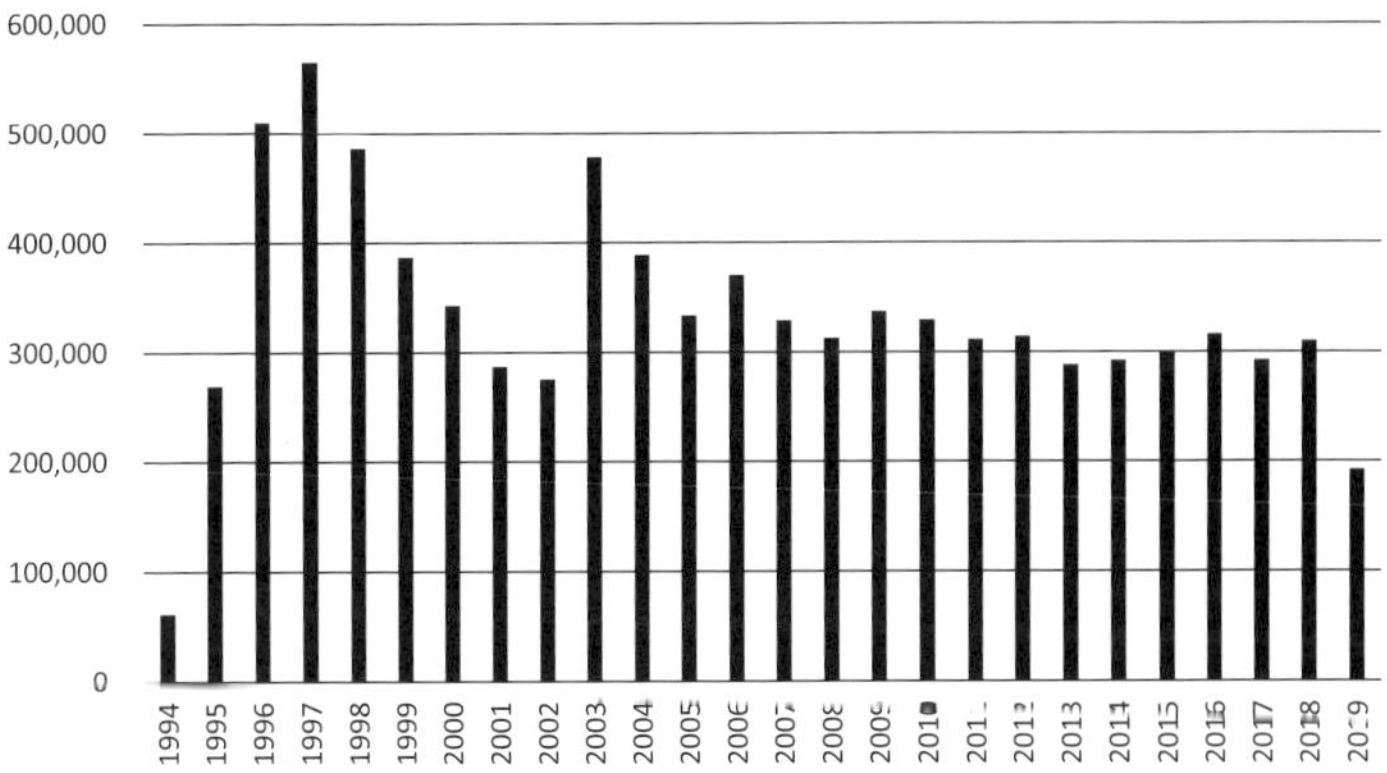

図94　見学者数の推移

力、資源の活用も効果的である。遺跡という点で引きつけ、地域という面で受け止めることが必要である。

⑤継続こそ力なり。何もしなければ何も起こらない。まずはやれる範囲でやってみることが大事で、それらの積み重ねにより花開くのだと思う。

⑥縄文遺跡はスクラムを組もう。他遺跡との連携は相乗効果が大いに期待できる。

⑦担当者は大いに語るべきである。遺跡のことを最も良く知っているのは遺跡を調査している担当者であり、新鮮な質の高い情報をわかりやすく自ら語ることが不可欠である。

2　三内丸山遺跡と世界遺産

（一）世界遺産登録に向けて

二〇〇五（平成十七）年十月、三村申吾青森県

知事は三内丸山遺跡など青森県内の主な縄文遺跡群の世界遺産登録をめざすことを表明した。翌年には青森県教育庁文化財保護課内に世界文化遺産登録推進プロジェクトチームが設置され、そのための情報収集とさまざまな情報発信を行ってきた。

二〇〇六・七（平成十八・十九）年、文化庁は世界遺産の正式な候補のリストである暫定一覧表への追加記載に際し、地方自治体からの提案を受け付けた。青森県は「青森県の縄文遺跡群」を、秋田県は「環状列石」を提案したものの、文化庁世界遺産特別委員会での審査の結果、縄文文化の定義と世界史上の位置づけや広域に所在する資産の再構成などの課題が示され、継続審査となった。

この結果を受け、青森県は北海道、岩手県、秋田県の三道県と連携し、域内に所在する特別史跡や史跡に指定されている主な縄文遺跡群を構成資産とした「北海道・北東北の縄文遺跡群」として、二〇〇七（平成十九）年十二月に文化庁へ再提案した。

その後、「北海道・北東北を中心とした縄文遺跡群」として暫定一覧表への追加記載が決定し、二〇〇八（平成二十）年十二月に世界遺産登録関係省庁連絡会議を経て、二〇〇九（平成二十一）年一月五日付けでユネスコのホームページに掲載された。

二〇一八（平成三十一）年には、ユネスコへの推薦候補として選定されたものの、政府として自然遺産の登録を優先するとされたため、二〇二〇（令和二）年にユネスコへ推薦書を提出した。二〇二一（令和三）年五月、イコモスより「記載」の勧告が出され、世界遺産となることがほぼ確実となった。

（二）縄文遺跡群の価値

現在、日本には約四六万カ所の遺跡があり、そのうち縄文遺跡は約九万二千カ所である。その二割が先の四道県に分布しており、三内丸山遺跡や大湯環状列石など著名な遺跡が多く、整備・公開されているとともに良好な状態で保存されている。しかし、国内ではその価値について一定の理解や評価が得られても、それがただちに世界遺産としての評価に繋がるわけではない。世界遺産は、人類共通の貴重な文化遺産として価値があるものであり、普遍的な価値をもっていることを証明しなければならず、そのためには、縄文文化の定義と世界史上の位置づけを明確にする必要がある。

そこで、縄文という時代を巨視的にとらえてみよう。

後氷期の気候温暖化は落葉広葉樹の森林の拡大をもたらしたのと同時に、大型動物の狩猟機会が減少し、新たに海や森の豊かな資源を利用する機会が増えた。この生業の大変革は「定住革命」ともよばれ、生活にさまざまな変化をもたらしたと考えられている。縄文文化の成立と展開は、四季折々の豊かな自然の恵みと森林資源を獲得、利用するための技術革新とその成熟の歴史でもある。一万年もの長きにわたり営まれ、高度に発達した定住的な採集、狩猟、漁労文化であり、本格的な農耕や牧畜は見られず、ヨーロッパや大陸の先史文化と比較しても新石器時代の文化としてはきわめて特徴的である。

日本列島では世界に先駆けて土器が誕生し、森や海、川の豊かな資源を利用するための技術や道具類も発達し、石鏃や石匙など縄文文化特有の道具も出現した。定住化が進み、各地に集落が出現し、集落や地域社会を支えるための祭祀なども活発に行われた。遠方との交流も進み、列島規模での人や物の移動、情報の伝達が頻繁に行われた。また、漆の利用など工芸的な技術も新たに開発された。土偶など精神性の高さを示す、縄文文化独自の要素も生まれた。

縄文遺跡は四季折々の恵みを巧みに取り入れ、人間と自然とが共生した具体的な証である。縄文時代は日本の歴史の大半を占め、現代の生活様式や文化の基礎となったことから、日本の基層文化ともいわれている。現代の生業や精神活動のなかにも、縄文文化の継承と思われる有形、無形の文化的要素が見られる。

このように縄文遺跡は、日本はもとより人類の歴史における狩猟採集社会の成熟した姿を現代に伝えている。さらに、狩猟採集社会から農耕社会への発展を是とする歴史観や自然と共生する狩猟採集文化への再評価など、世界的規模で受け止めるべき事項を多く含んでいる。

現代社会が抱える環境、食料、福祉などの問題を、私たちの先人である縄文人がどのように乗り越えてきたのか、その姿を遺跡は雄弁に語り、未来へ向けて多くの示唆を与えるものである。

縄文時遊館（三内丸山遺跡センター内）

住　　所　〒038－0031 青森県青森市三内丸山305
お問合せ　電話 017－781－6078　FAX 017－781－6103
U R L　http://sannaimaruyama.pref.aomori.jp/
開館時間　10月 1 日～翌年 5 月31日　午前 9 時～午後 5 時
6 月 1 日～ 9 月30日　午前 9 時～午後 6 時
（※入場は終了時間の30分前まで）
休 館 日　年末年始（12月30日～ 1 月 1 日）
入 館 料　一般410円　高校生・大学生等200円　中学生以下無料
(駐車料金は無料)
交通案内　〔JR 青森駅から〕
車で約20分（約 7 km）。
市営バスで約20分。「三内丸山遺跡」行きに乗車、
「三内丸山遺跡前」下車（310円）。
〔JR 新青森駅から〕
車で約10分（約2.5km）。
ねぶたん号（シャトルルートバス）で約15分。東口 3 番
乗り場から左回り乗車、「三内丸山遺跡前」下車（300円）。
〔青森 I.C から〕
東北縦貫自動車道から車で約 5 分（ 2 km）。

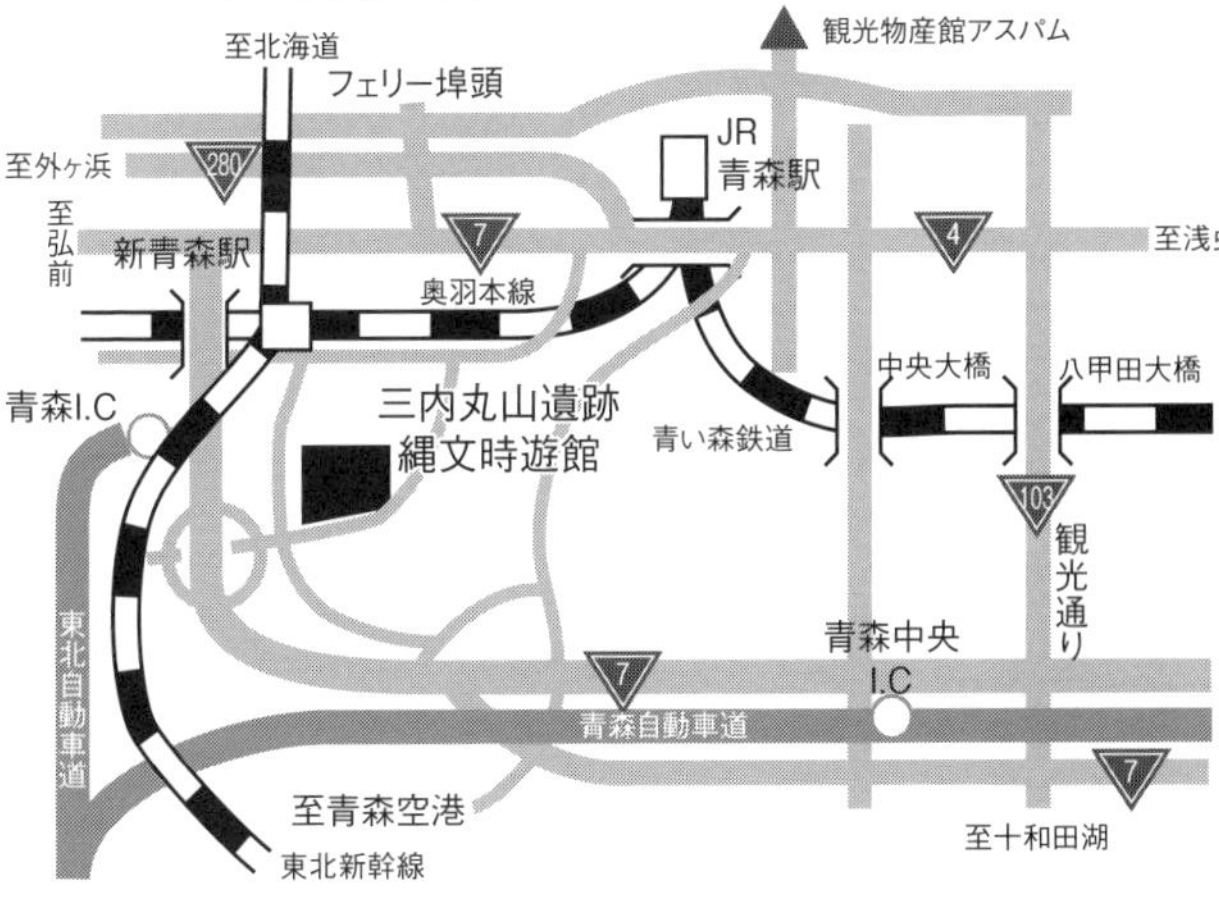

引用・参考文献

青森県教育委員会　一九七八『熊沢遺跡』
青森県教育委員会　一九九四『熊ヶ平遺跡』
青森県教育委員会　一九九六『三内丸山遺跡Ⅵ』
青森県教育委員会　一九九七『三内丸山遺跡Ⅷ』
青森県教育委員会　一九九八『三内丸山遺跡Ⅸ』
青森県教育委員会　二〇〇二『三内丸山遺跡ｘｘ』
青森県教育委員会　二〇〇八『あおもり縄文展展示図録』
青森県立郷土館　一九九五『木造町田小屋野貝塚』
小笠原雅行　二〇一〇「土偶は語る（上）・（中）・（下）」『あおもり縄文紀行』8・9・10、東奥日報社
小笠原雅行　二〇一〇「岩偶は語る（上）・（下）」『あおもり縄文紀行』10・11、東奥日報社
小笠原雅行　二〇一〇「墓は語る（上）・（中）・（下）」『あおもり縄文紀行』22・23・24、東奥日報社
小笠原雅行　二〇一一「集落は語る（上）」『あおもり縄文紀行』32、東奥日報社
上北町教育委員会　一九八六『上北町古屋敷貝塚―遺構編―』
北の縄文研究会　二〇一二　北の縄文『円筒土器文化の世界』～三内丸山遺跡からの視点～
小山修三　二〇〇一「円筒土器文化の地域性」『特別史跡三内丸山遺跡年報』4、青森県教育委員会
斎藤　岳　二〇〇六「三内丸山遺跡の石冠・三角形状土製品」『特別史跡三内丸山遺跡年報』4、青森県教育委員会
菅江真澄　一七九九『栖家乃山』
高橋　哲　二〇一一「円筒下層式土器期の石器の使用痕研究」『特別史跡三内丸山遺跡年報』14、青森県教育委員会

茅野嘉雄　二〇一〇「円筒土器（上）・（下）」『あおもり縄文紀行』20・21、東奥日報社
辻　誠一郎　二〇〇二「人と自然の環境史」『青森県史特別編　三内丸山遺跡』青森県
辻　誠一郎　二〇〇六「三内丸山遺跡の層序と編年」『植生史研究』特別第2号、日本植生史学会
樋泉岳二　一九九九「動物遺体からみた環境・生業・食生活—三内丸山遺跡にみる人と自然の関係史」櫛原功一編『食の復元—遺跡・遺物から何を読みとるか』研究集会報告集2、山梨文化財研究所
西本豊広　二〇〇二「海の利用」『青森県史特別編　三内丸山遺跡』青森県
羽生淳子　二〇〇五「ジェンダー考古学から見た縄文土偶と文化的景観」『特別史跡三内丸山遺跡年報』8、青森県教育委員会
村越　潔　一九八四『増補　円筒土器文化』雄山閣

図版出典一覧

図1・4・5・6・8・13・14・15・16・23・24・25・27・28・29・31・32・33・35・36・37・38・39・41・44・45・46・47・48・49・51・52・53・54・55・60・64・68・69・74・78・81・82・83・84・86・87・89・90・91・92　青森県教育庁文化財保護課三内丸山遺跡保存活用推進室所蔵
図2　外ヶ浜町教育委員会所蔵
図3　菅江真澄　一七九九より
図7　東奥日報社提供
図9・18・26　青森県教育委員会　一九九六より
図10・63・94　筆者作成
図11・59　青森県教育委員会　一九九六より
図12・66　北の縄文研究会　二〇一二より
図17　青森県教育委員会　一九九八より
図19　辻誠一郎　二〇〇二より
図20・21　西本豊広　二〇〇二より
図22　樋泉岳二　一九九九より
図30・70・73　小笠原雅行氏原図
図34　羽生淳子　二〇〇五より
図40・42・43　青森県教育委員会　二〇〇二より
図50・58　青森県教育委員会　二〇〇八より
図56　茅野嘉雄　二〇一〇より
図57・72　茅野嘉雄　二〇一〇より
図61・62・85・88　筆者撮影
図65　辻誠一郎　二〇〇六より
図67　小山修三　二〇〇一より
図71　上北町教育委員会　一九八六より
図75　青森県教育委員会　一九九四より
図76　高橋哲　二〇一一より
図77　青森県教育委員会　一九九七より
図79　斎藤岳　二〇〇六より
図80　青森県教育委員会　一九七八より
図93　NPO法人三内丸山縄文発信の会提供
表1　青森県教育委員会　一九九八
表3　筆者作成

あとがき

平成四年四月の発掘調査開始時から数えて三内丸山遺跡に携わってから二〇年が経過した。最初は担当者として発掘調査を手がけ、遺跡保存とともに発掘調査以外にも整備計画策定や整備工事、普及・啓発と業務の範囲が格段に広がった。また、一担当者からやがて中間管理職として専門職員を取りまとめることとなり、現在は管理職として三内丸山遺跡はもちろん全県的な文化財保護行政を進める立場となった。途中、文化庁へ異動するものの、外から三内丸山遺跡を見るよい機会にも恵まれた。時の流れは速いものであり、環境復元や遺伝子分析、高精度年代測定などを積極的に導入、活用し、共同研究を進めた分野は全国的に定着し、もはや発掘調査のスタンダードモデルとなりつつある。遺跡をより多角的に分析し、できるだけ忠実に当時を復元する試みによる成果は飛躍的に蓄積されている。

発掘終了後は破壊される運命にあった遺跡が現状保存され、その保存・活用、公開という自分にとって新たな未知なる仕事の連続であった。青森県では本格的に整備した遺跡はほとんどなかったことから、手本となる前例はなかった。情報収集し、勉強し、そして教えを請い、意見交換する、そのくり返しでもあった。衝撃的な遺跡報道をきっかけにのぞまぬ「時の人」となってしまい、戸惑いもした。しかし、遺跡のことを知ってもらえるならばとの思いがそれを忘れさせてくれた。曲がりなりにも現在まで仕事をつづけているのは良き先輩、同僚、たのもしい後輩に恵まれ、適切なアドバイスと活力を頂いたからである。

この一冊は現時点での三内丸山遺跡の調査、保存、活用をまとめたものであるが、時間と紙数が許せばさらに紹介したいことが山ほどある。それほど情報量の多い遺跡である。現在も発掘調査は継続して行われており、日々情報が更新され、執筆時とは違う状況となっているものもあるかもしれない。いずれ、この本も後輩諸氏の手で更新されるものと期待している。

執筆にあたり、発掘調査開始当初からともに仕事をし、現在は筆者と同じく埋蔵文化財保護行政に携わる中村美杉さん、小笠原雅行さん、そして開発に伴う発掘調査の最前線で活躍する斎藤岳さんには専門的にはもちろん多くの貴重な助言をいただいた。心より感謝する次第である。また、遺跡保存に応援いただいた多くの県民の方々にも感謝したい。そして編集の工藤さん、佐藤さんには筆の進まない筆者のせいで何度も刊行時期が変更となり、ご迷惑をおかけした。お詫び申し上げるとともに記して感謝したい。

最後に刊行を見ることなく鬼籍に入られた、恩師であり、叔父である弘前大学名誉教授の村越潔先生に不肖の教え子のせめての感謝の気持ちとしてこの本を捧げる次第である。

そして何よりも支えてくれた妻の緑に感謝したい。

平成二十四年の年の暮れ

岡田康博

〈補記—改訂版について—〉

このたび改訂版を刊行するにあたり、三内丸山遺跡や縄文文化研究における最新の研究成果を踏まえ、年代観などは修正することとした。なお、旧版刊行後の二〇一七年に、これまでの調査成果等をまとめた総括報告書『三内丸山遺跡44』が刊行されている。本書とあわせてご覧いただければ、三内丸山遺跡全体像の理解がさらに深まる。ぜひともお薦めしたい。

二〇二一年六月

著　者

菊池徹夫
坂井秀弥　企画・監修「日本の遺跡」48

改訂版　三内丸山遺跡《さんないまるやまいせき》

■著者略歴■
岡田　康博（おかだ・やすひろ）
1957年、青森県生まれ
現在、青森県企画政策部・世界文化遺産登録専門官
主要著書論文
「定住の開始と集落の出現」・「大規模集落の展開と貝塚」『列島文化のはじまり』史跡で読む日本の歴史第1巻、吉川弘文館、2009年
「世界遺産を目指す「JOMON」」『観光文化』Vol. 201、特集　縄文文化と現代―三内丸山に学ぶ、2010年
「「掘る」から「護る」「活かす」へ」『都市問題』第104巻第9号、特集　埋蔵文化財行政を考える、2013年

2014年3月7日　初版発行
2021年6月30日　改訂版第1刷

著者　岡田康博
発行者　山脇由紀子
印刷　亜細亜印刷㈱
製本　協栄製本㈱

発行所　東京都千代田区飯田橋4-4-8
（〒102-0072）東京中央ビル　㈱同成社
TEL　03-3239-1467　振替　00140-0-20618

ISBN978-4-88621-871-1 C3321